Buch

Der Siegeszug des Bauchtanzes durch die mitteleuropäischen Tanz- und Gymnastikschulen ist ungebrochen. In jahrtausendealter Tradition überliefert, eröffnet der Bauchtanz Wege zu einem lustbetonten Verhältnis zum eigenen Körper und zu einem neuen, ganzheitlichen Körpergefühl. Die Bewegungsprinzipien des Bauchtanzes sind daher nicht nur für Tänzerinnen interessant, sondern für jede Frau, die etwas für ihre Figur, ihre Anmut und ihre Ausstrahlung tun möchte.
Ulaya Gadallas 29tägiges, am weiblichen Zyklus orientiertes Schönheitsprogramm umfaßt aus dem Bauchtanz entlehntes Wirbelsäulen-, Muskel- und Kreislauftraining sowie Schwangerschaft, Wochenbett- und Sexualgymnastik.
Geheimnisvolle Schönheitsmittel und Pflegetips aus dem Orient, Rezepturen für Pflegeöle, Parfüms und Cremes laden ein in eine Welt, in der Körperpflege eine lustvolle Selbstverständlichkeit ist. Mit zahlreichen Fotos und Illustrationen!

Autorin

Ulaya Gadalla, Bauchtänzerin von internationalem Renommee, tanzte in Kairo, New York, Florenz, Marbella und Rabat, auf den Festen von saudischen Prinzen ebenso wie bei einfachen Leuten. Einer der Höhepunkte ihrer Karriere waren Filmaufnahmen mit Omar Sharif in der Sahara. Sie ist weitgereist und kennt den Orient in seiner ganzen Vielfalt. Heute lebt sie mit ihrer Familie vorwiegend in München und erteilt auch privaten Unterricht.

ULAYA GADALLA

Bauchtanz

Das orientalische Schönheitsprogramm
Der Weg zu einem neuen
Körperbewußtsein

GOLDMANN VERLAG

Meinen vier Männern gewidmet

Der Goldmann Verlag
ist ein Unternehmen der Verlagsgruppe Bertelsmann

Made in Germany · 2. Auflage · 4/93
Copyright © 1989 by Wilhelm Goldmann Verlag, München
Umschlaggestaltung: Design Team München
Umschlagfoto: Guido Pretzel, München
Zeichnungen: Andrea Mogwitz
Satz: IBV Satz- und Datentechnik GmbH, Berlin
Druck: Presse-Druck Augsburg
Verlagsnummer: 13650
SK · Herstellung: Sebastian Strohmaier/Voi
ISBN 3-442-13650-4

Inhalt

Warum ich dieses Buch geschrieben habe	9
1. Tag: Auf dem west-östlichen Diwan	13
Unser Schönheitsbild	13
Bewegtes Leben	15
Sport und Gymnastik	15
Schleier und Freiheit	20
2. Tag: Beckengymnastik	23
Wo und wie üben?	30
3. Tag: Durch dick und dünn	32
4. Tag: Nabelschau	37
Bauchgymnastik und Atmung	41
5. Tag: Der Brustkorb	45
6. Tag: Der Intimbereich	53
7. Tag: Isolation	57
Schultern, Arme, Hände	59
Weitere Schönheitstips für Schultern, Arme, Hände	68
8. Tag: Die Füße	70
9. Tag: Die Beine	78
Zur Pflege der Beine	83

10. Tag:	Unser Haupt	85
11. Tag:	Kopf- und Gesichtssprache	90
12. Tag:	Der Ausdruck der Augen	95
13. Tag:	Die Stimme	100
14. Tag:	Die Shimmys	106
15. Tag:	Wer möchte bauchtanzen lernen?	110
	Vorurteile über den Orientalischen Tanz	111
	Ein persönliches Erlebnis	113
	Tänzerische Botschaft	115
	Die Musik	116
16. Tag:	Massage	118
	Barrieren	120
	Massage, Tanz und Schönheit	121
	Massagetechniken	122
	Die passiven Bewegungen	123
17. Tag:	Körperhygiene	127
	Zahnpflege	127
	Die Toilette	128
	Haarentfernung	129
	Praktische Rasur	130
18. Tag:	Von Stoffen, Kleidern und Farben	133
	Parfümierte Wäsche	135
	Farbenpracht	137
19. Tag:	Ernährung im Orient – für Leib und Liebe	140
	Die Balance der Nahrungskräfte	140
	Aphrodisisches	143
	Ein Liebesmenü	146
20. Tag:	Flüssige Schönheit	150
	Die Öle	152
	Wohlriechende Wässer	154

21. Tag: Harze und Balsame 156
    Praktische Hinweise 157
    Verschiedene Harze 158
    Räucherwerk 162

22. Tag: Berühmte Duft- und Heilstoffe des Orients 164

23. Tag: Die schwarze Salbe des Harun ar-Raschid 171

24. Tag: Liebeszauber 176
    Die echten und die synthetischen Düfte ... 179

25. Tag: Unsere Dufterlebnisse – Parfüme zum Selbermachen 183
    Praktische Hinweise für Eigenkompositionen 183
    Orientalische Duftnoten 185
    Der richtige Umgang mit Düften 190

26. Tag: Das Hammam 193

27. Tag: Der Badevorgang 199
    Bäder für Schönheit und Liebe 204

28. Tag: Den Körper verwöhnen 205
    Die Seifen 205
    Die Haut 206
    Haarpflege 210

29. Tag: Zurück auf den Diwan 214
    Die alten Frauen 214
    Das Hammam-Fest zu Hause 218

Literatur 220
Register 222

Warum ich dieses Buch geschrieben habe

Am Strand von Marbella liegen im Sommer die schönsten und reichsten Frauen. Im Glanz dieser Jet-Set-Sommerfrische scheinen weder Alter noch irgendwelche Gebrechen zu existieren. Eine makellose Strandschönheit fiel mir besonders auf: Ebenmäßig dunkelbraun, faltenlos, löwenmähnig, langbeinig, hingegossen auf dem weißen Strand, zog sie alle Blicke auf sich. Plötzlich stand die Schöne auf, balancierte hilflos auf lackierten Zehenspitzen über die kleinen Unebenheiten des Strandes, die Arme weit ausgebreitet und trotzdem schwankend, bis sie schließlich das Meer erreichte, in das sie sich ganz vorsichtig hineinbegab. Die Angst um die cremegespülten Haare im Salzwasser bewog sie wohl dazu, den Kopf im Nacken verrenkt herauszurekken. Nach einigen durch die Kopfhaltung erschwerten Paddelbewegungen verließ sie, sichtlich erschöpft, das Wasser und ging mit qualvollen Schritten zurück auf ihren Platz. Irgendwie hatte ihre Schönheit mächtig gelitten. So meeresgrün auch ihr raffinierter Bikini schillerte, die verführerische Kraft einer Strandnixe war plötzlich dahin.

Auch abends an der Hotelbar, wo wir ins Gespräch kamen, fehlte etwas. Das Mädchen war ein hochbezahltes Topmodel, hatte also beruflich mit Schönheit zu tun. Sie war keineswegs unsportlich. Mit Bodybuilding und Aerobic brachte sie sich täglich in Form. Strenge Disziplin beim

Essen leistete ein übriges. Für Kosmetik ging leider eine Menge Geld drauf. Sie mochte zwar das Meer, aber das Salzwasser war ihr unangenehm. Von Männern hielt die junge Frau nicht viel, weil die »nur auf das Äußere achten«.

An diesem Abend beschloß ich endgültig, dieses Buch zu schreiben. Schon als Kind fiel mir in Deutschland auf, daß Schönheitspflege stets irgendwie mit Tortur, Mühsal oder Angst zusammenzuhängen schien oder aber gar nicht erst stattfand, schon gar nicht bei Männern und Kindern. Schönheitspflege, bis heute noch öfters als Eitelkeit abgetan, war offensichtlich der Frau vorbehalten, die verzweifelt den Kampf gegen das Altern aufnahm und oft allein zu dem Zweck einsetzte, einen Mann zu erobern, wobei gehässige Beobachter(innen) die Benutzung von »Schminke« als Indiz dafür ansahen.

Ich billige selbstverständlich auch Ziele, wie das Altern zu verlangsamen und sich – nicht nur, aber auch – für Männer schön zu machen. Was mir als jungem Mädchen dann aber auf meinen Reisen nach Ägypten zu Bewußtsein kam, war die Tatsache, daß dort Körperpflege in großem Maße einen Ausdruck von Wohlbefinden und Lebensart darstellte. Selbst für die ärmste Fellachin waren gewisse Dinge selbstverständlich, und ich bin niemandem begegnet, der die Beschäftigung mit dem eigenen Körper als verwerflich beurteilt hätte.

Natürlich kommen unser Schönheitsideal und unser Umgang mit dem eigenen Körper nicht von ungefähr. So sehr ich die westlichen Modetrends auch liebe – unsere Frauenzeitschriften sind leider häufig zu Sprachrohren der Kosmetikindustrie verkommen. Und nach wie vor wird geschickt die Angst vor Alter und Übergewicht provoziert.

In diesem Punkt können wir einiges von den Orientalinnen lernen. Auch bei ihnen herrscht sicherlich kein Idealzustand, was Schönheit und Körperbewußtsein angeht. Aber eine selbstbewußte Auffassung darüber besteht auch heute noch in weiten Kreisen. Dort jedoch, wo die Frauen zu sehr nach dem Westen schielen, wird ein uraltes Wissen dem »Fortschritt« preisgegeben und gerät in Vergessenheit.

Ich beabsichtige nun keineswegs, östliche Weisheiten einfach in den Westen zu verpflanzen. Ich möchte bei Ihnen »nur« die (bei weitem nicht nur sexuelle) Lust an Ihrem eigenen Körper wecken. Sie sollen im Spiegel erkennen, daß Sie schön sind und noch schöner werden. Vor allem sollen Sie dies aber auch *fühlen*!

Unter anderem wird in diesem Buch erstmals eine Vielzahl von Gymnastikübungen veröffentlicht, die seit uralten Zeiten von Bauchtänzerinnen auf die nächste Berufsgeneration überliefert werden. Diese Übungen stellen nicht nur das am längsten bewährte, umfassendste Körpertraining für die Frau dar, sondern gelten nebenbei als Grundvoraussetzung für wirklich professionelle Tänzerinnen.

Übrigens: Alle in diesem Buch genannten Zutaten für Parfüme, Öle, Cremes, Gewürze und ähnliches zum Selbermachen erhalten Sie in der Apotheke oder in Naturkostläden.

In 29 Kapiteln lernen Sie ein viele Themen streifendes Schönheitsprogramm kennen, das Sie Schritt für Schritt in die Geheimnisse des Orients einweihen will. 29 Kapitel deshalb, weil auch der Mondmonat und Ihr persönlicher Zyklus etwa 29 Tage haben. Betrachten Sie sich also im poetischen Licht des Mondes.

1. Tag
Auf dem west-östlichen Diwan

Unser Schönheitsbild

Machen Sie es sich bequem: Legen Sie sich auf den Diwan, die Beine hochgestellt, und gönnen Sie sich ein Glas besten Weines und ein paar kleine Leckerbissen. Tun Sie heute nichts weiter, als die nächsten Seiten zu lesen und ein wenig über Schönheit nachzusinnen.

Vielleicht ist heute auch zufällig der erste Tag Ihres Monatszyklus, Ihrer Menstruation. Kein Grund zwar, nicht ruhig alles mitzumachen, aber auch eine Zeit der Entspannung, in der der Körper wieder Frische tankt und Kräfte sammelt. Diese Zeit ist mir stets willkommen, um wieder innere Ruhe zu finden. Bei vielen Krankheiten wird heutzutage wieder der künstliche Aderlaß zur Heilung angewandt. Dementsprechend sehen einige Vertreter des Naturheilverfahrens in der Monatsblutung der Frau einen nützlichen natürlichen Aderlaß, der zur Regeneration des Blutes und des ganzen Körpers führt. Die Ägypterin sagt in der Umgangssprache »Ich habe meinen Besuch« und drückt für mich damit sehr deutlich aus, daß dieser immer wiederkehrende Zustand ein Freund des Körpers ist. Wie konnten wir Frauen zulassen, daß dafür so medizinisch-nüchterne Begriffe wie »Menstruation« und »Periode« Eingang in unsere Sprache fanden? Sicher werden einige mir jetzt entgegenhalten, daß sie in dieser Zeit von Schmerzen geplagt und von Krämpfen »besucht« werden. Speziell dagegen gibt es einige sehr wirkungsvolle Gymnastikübungen (siehe Seite 23 ff.). Außerdem lernen Sie ganz nebenbei die Zusammenhänge kennen, die Ihnen diese Beschwerden verursachen. Zunächst aber bleiben Sie gemütlich liegen, denn auch das »Faul-sein-Können« ist eine wichtige Voraussetzung für Schönheit.

Was geht uns üblicherweise beim Begriff »Schönheit« durch den Kopf? Viele Frauen sind bildschön und trotzdem noch lange nicht glücklich. Sie scheinen trotz ihres Aussehens ständig zu leiden, weil sie ängstlich auf die neuesten Entwicklungen der Mode und in der Kosmetik starren und zu jeder Saison bangen, ob auch etwas für ihren »Typ« dabei ist – sofern sie ihn überhaupt richtig beurteilen. Das durchaus Heitere an Mode- und Kosmetiktrends wird oft todernst, wenn jene Frauen sich in irgendeiner Weise vom Ideal deutlich zu unterscheiden meinen.

Das Dilemma besteht darin, daß wir in unserer abendländischen Tradition häufig den Konflikt zwischen Seele und Körper nicht zu lösen vermögen. Die Seele schließt man ein wie in einen ägyptischen Sarkophag, ohne auf die Idee zu kommen, daß sie sich körperlich offenbaren könnte. Die Pflege des Körpers wird häufig als »äußerlich« abgetan, wobei stillschweigend das »Äußere« als oberflächlich, das »Innere« aber als wertvoll vorausgesetzt wird. Dennoch wenden wir oft verzweifelt viel Mühe auf, um dieses Äußere, den Körper, zu erhalten, zu restaurieren, ja zu mumifizieren, in dem manchmal längst ein fader, müder Geist wohnt.

Während die einen die Ausbildung und Pflege von Geist und Seele vergessen, vernachlässigen die anderen die notwendige Sorge für den Körper. Die meisten scheinen zu glauben, daß das eine mit dem anderen nur in einer losen Verbindung steht. Die Weisheit, daß ein gesunder Körper und ein gesunder Geist sich gegenseitig bedingen, wird nur langsam wieder populär. Die äußerlich sichtbare Schönheit entsteht aber erst durch ihr inneres Erleben, und nur so ist sie von Dauer und für uns sinnvoll. Was nützt uns eine ebenmäßige Hülle, wenn wir sie selbst nicht genießen, nicht spüren können? Und genau das fehlt uns: die Erweckung unserer Sinnlichkeit aus ihrem Dornröschenschlaf.

Bewegtes Leben

Die Hauptvermittlerin zwischen Körper und Seele ist die Bewegung, wobei ich mit »Seele« ganz allgemein die individuelle innere Erlebniswelt meine. Ein Körper ohne Bewegung ist tot, seelenlos. Dagegen verbinden wir mit Lebendigkeit Bewegung und Energie, wie uns das Beispiel des Kindes zeigt: Die lebendige Kraft ist im Begriff, sich mit dem kleinen Körper zu verbinden. Der alt gewordene Mensch drückt im Unterschied dazu in seinen sparsamen Bewegungen Hilfsbedürftigkeit aus, aber ebenso Reife und »Über-dem-Leben-Stehen«. Der Tanz schließlich ist bewegter Ausdruck nahezu aller Lebensgefühle: Freude, Trauer, Erotik, Kraft, Verletzbarkeit und vieler Zwischentöne. Eine Tänzerin ist ein Sinnbild für die Schönheit schlechthin; umgekehrt wirkt kaum etwas peinlicher als eine schlechte tänzerische Darbietung. »Soll ich Tänzerin werden?« mögen manche jetzt skeptisch denken. Sie sind es bereits! Denn was ist das Leben in seiner ständigen Bewegung anderes als ein Tanz?

Sport und Gymnastik

Wie sieht Ihr »Alltagstanz« im Moment gerade aus? Möglicherweise so: Sie stehen auf und ringen sich zu einigen Gymnastikübungen pflichtbewußt durch. Den Rest des Tages verbringen Sie im Sitzen oder Stehen, aber meistens gebeugt. Sie haben das Gefühl, daß sich eigentlich nur Ihre Hände bewegen: bei der Hausarbeit, beim Einkaufen, an der

Schreibmaschine. Als Ausgleich zu den vielen »Handgriffen« treiben Sie wahrscheinlich mehr oder weniger überzeugt Sport: Laufen, Skifahren, Reiten, Schwimmen usw. Fragen Sie sich jetzt mal ganz ehrlich, warum Sie sich in der einen oder anderen Weise körperlich betätigen. Treiben Sie Sport, weil es Ihnen ganz einfach Freude macht oder weil Sie einen gewissen Wettkampfehrgeiz haben, so ist das ein guter Grund, selbst wenn Sie gewisse körperliche Risiken (Sportverletzungen wie Tennisarm, Zerrungen oder Prellungen) in Kauf nehmen.

Zum Thema Gymnastik habe ich selbst weit über hundert Frauen befragt. Die meisten betreiben jene einzig und allein aus dem Motiv heraus, die Figur optisch zu verbessern. An der Spitze steht dabei der Wunsch, den Bauch und die Oberschenkelmuskulatur zu festigen – offensichtlich die Hauptproblemzonen. Vereinzelt wird auch der Wunsch nach »mehr Durchblutung« und »Haltung stärken« laut. Erstaunlich, daß »Gelenkigkeit der Glieder« und »Geschmeidigkeit der Muskulatur« von ganz wenigen gefordert werden! Schließlich traut man die Linderung gewisser körperlicher Beschwerden allenfalls einer speziellen Krankengymnastik zu. Meine Frage, ob nicht eine gewisse Harmonie im gesamten Körperausdruck erhofft würde, haben viele nicht verstanden. Das Dilemma aber ist – da stimmen alle überein –, sich zähneknirschend zu der als bitter notwendig erkannten Gymnastik überhaupt erst aufzuschwingen.

So richtig bereitet sie also keine Freude. Und letztlich wird sich ein lebendiger Mensch, der von Natur aus kreativ und tatkräftig ist, immer gegen Langweiliges sträuben, dessen Ziel auch obendrein unklar ist.

Um der Langeweile bei der Gymnastik zu entgehen, hat man schon verschiedene Ideen ausprobiert, wie zum Beispiel Gymnastik nach Musik, Aerobic, Jazztanz und ähnliches. Aerobic lehne ich völlig ab; es ist der reinste Kasernendrill, baut außerdem nicht langsam auf, und gerade bei Ungeübten kommt es häufig zu Knieverletzungen und Sehnenrissen. Deshalb ist es auch sehr schnell wieder aus der Mode geraten. Gegen andere Formen tänzerischer Bewegung gibt es im Prinzip nichts einzuwenden, solange die Individualität im Ausdruck stärker gefördert wird als der choreographische Selbstzweck.

Natürlich bin ich eine Verfechterin der »Bauchtanzgymnastik«, denn hierbei werden vergessene anatomische Grundbewegungen gefördert, der Körper wird nicht zu widernatürlichen Verrenkungen gezwungen, die vielleicht der Schlüssel zur verbreiteten Unlust an der Gymnastik sind.

Etwas sollte Sie nachdenklich stimmen. Meine Tanzlehrerinnen in Ägypten waren über etliche in Europa und Amerika ziemlich gängige Gymnastikübungen hell entsetzt. Dazu gehören folgende Bauchübungen auf dem Boden:

Taschenmesser: Sie liegen ausgestreckt am Boden und klappen mit einem Ruck die gestreckten Arme und Beine in der Mitte zusammen, die Hände sollen dabei die Fußspitzen berühren.

Radfahren knapp über dem Boden.

Bauchmuskelübung: Gestreckte Beine heben und senken.

Schere: Gestreckte Beine schwingen nahe über dem Boden in die Grätsche und wieder aufeinander zu.

Die Begründungen für die schroffe Ablehnung dieses »Bauchtrainings« sprechen für sich:

1. Die inneren weiblichen Organe, vor allem die Gebärmutter, werden nach unten gepreßt; deren Elastizität und Anpassungsfähigkeit gehen verloren; Senkungen sind die Folge.
2. Der untere Wirbelsäulenbereich wird überlastet.

Wen wundert es da, daß auch unsere Hebammen diese Übungen während der Schwangerschaft und »im Wochenbett« ablehnen? Sie sind von Männern als Krafttraining erfunden worden und auch für sie nicht in allen Fällen geeignet, zum Beispiel bei Problemen mit den Bandscheiben.

Wenn Sie meinen, eine Bauchtänzerin habe einen dicken Bauch, auf den Sie selber gern verzichten wollen, so unterliegen Sie einem der größten Vorurteile über das Bauchtanzen. Eine gute Tänzerin – nicht eine »Touristenattraktion«, die lediglich ihr Fett durchschüttelt – mag dick, dünn, zierlich oder kräftig sein: Der Bauch ist entsprechend unterschiedlich groß, aber stets straff und wohlproportioniert, die Taille biegsam und schlank. Sie werden staunen, was eine Bauchtänzerin speziell für den Bauch an gymnastischen Kunststücken vollbringt.

Wenn man dagegen unsere Spitzensportlerinnen so ansieht, scheint es bei ihnen hauptsächlich auf Mut, Kraft und Härte (unnachgiebige Bauchmuskeln!) anzukommen. Auch in der brutalen Aufzucht von Kunstturnerinnen sehe ich alles andere als die Entwicklung weiblicher Anmut, Weichheit und Ästhetik.

Bei der obligaten Gymnastik jeder Sportlerin möchte man meinen, daß sie wenigstens dabei den notwendigen Ausgleich suche. Weit gefehlt! Die Sportlerin betreibt Gymnastik, um ihren Körper auf ihre Sportart speziell vorzubereiten.

Die normale Frau »härtet« ihren Körper im Grunde nach denselben Prinzipien wie die Hochleistungssportlerin. Die Hobbysportlerin ist zwar nicht so sehr von übermäßigem Ehrgeiz und Leistungswahn geplagt, strebt aber auch den statuenhaften Körperbau einer olympischen Plastik an: fest, wie in eine Form gegossen.

Um beim Beispiel der Gebärenden zu bleiben: Hindert die feste, jedoch starre Muskulatur die Frau bei einem so natürlichen Vorgang wie der Geburt – das ist sie trotz aller Klinikschikanen noch allemal –, dann liegt doch der Schluß nahe, daß der Körper auch bei anderen »Aufgaben« streikt. Allerdings ist es ein Irrtum, den Sport dann besser ganz sein zu lassen und einen schlaffen Körper in Kauf zu nehmen. Denken Sie um: Je geschmeidiger und beweglicher die Muskulatur wird, desto fester, aber nicht starrer wird sie.

Sie kann mehr Fett verbrauchen und von ihrem natürlichen Aufbau her sinnvoll eingesetzt werden.

Alle bauchgetrimmten stolzen Sportlerinnen können den Bauch kaum selbständig bewegen und tragen meistens ein unbewegliches Muskelkorsett mit sich herum. Natürlich muß nicht jede Frau ihren Bauch wie eine Bauchtänzerin schlangengleich rollen können. Aber auch wenn Sie nie vorhaben, Tänzerin zu werden – Sie werden bald den Vorteil dieses Geheimnisses kennen- und schätzenlernen. Außerdem ist die Bauchtanzgymnastik selbst ästhetisch schön. Die Schönheit Ihrer Bewegungen wird sich schon nach kurzer Zeit im Alltag bemerkbar machen.

Die Folgen einer neu gewonnenen Beweglichkeit nur in bezug auf den Beckenbereich sehen konkret folgendermaßen aus:
1. Lösung von Verspannungen im Lendenwirbelsäulenabschnitt
2. Abbau von überschüssigem Bauchfett und Straffung des Gewebes
3. Aktivierung und Durchblutung des gesamten Beckenbereiches
4. Lösung von Verdauungsproblemen
5. Entspannung bei Krampfzuständen
6. Erleichterung von Schwangerschaft, Geburt und Wochenbett

Sie werden die Liste selbst weiter fortsetzen können.

Bauchtanzen hat selbstverständlich nicht nur mit Ihrem Bauch zu tun. Interessanterweise gibt es im Arabischen die Bezeichnung »Bauchtanz« nicht. Im Ursprungsland Ägypten heißt er schlicht und einfach »Orientalischer Tanz«. Den Begriff »Bauchtanz« haben europäische Reisende des letzten Jahrhunderts geprägt, denen in erster Linie die Bauch- und Hüftbewegungen der Tänzerinnen ins Auge fielen und die so fasziniert waren, daß sie diese völlig überbewerteten.

Wie konnten jene Beobachter nur so sehr des Blickes für den Gesamteindruck beraubt sein? Haben sie denn nicht die schlangenhaften Arme, den lebendigen Brustkorb, die koketten Schultern, die vitale Aussage schlechthin wahrgenommen?

Noch in unserer Zeit wird in wissenschaftlichen Arbeiten über den Tanz dieser älteste und geographisch am weitesten verbreitete Tanz der Menschheit kaum zur Kenntnis genommen oder mit geradezu verblendeter Überheblichkeit abgetan:

> »... Es wird Muskeltanz genannt und wird von denen, die ihn praktizieren, für reizvoll gehalten.«
> *(Agnes de Mille, The Book of the Dance, 1963)*

Der ganze Bauch oder Unterleib einer Frau ist eben schon immer eine delikate Angelegenheit gewesen. Haben daheim die Frauen noch ihre mörderischen Fischbeinkorsetts getragen (heute besorgen das die verhärteten Bauchmuskeln), ist bis heute die orientalische Tänzerin mit ihrem frei beweglichen Becken eine Attraktion geblieben.

Schleier und Freiheit

Wie kommt es eigentlich, daß die in dieser Hinsicht so freie Orientalin angeblich so unterdrückt wird? Sind nicht strenge islamische Kräfte wieder dabei, die Freiheit der Frau einzuschränken? Ein wichtiges Thema, das an diesem Platz etwas zu weit führt. Mit Blick auf die Geschichte glaube ich jedoch, daß die weibliche Natur sich auf Dauer nichts gefallen läßt, was sie unterdrückt. Sehe ich mir die Geschichte der Tänzerinnen seit dem Alten Ägypten an, so waren meine Vorgängerinnen vielen Glanzzeiten und regelmäßig darauf folgenden Epochen der Geringschätzung ausgesetzt – unterzukriegen waren sie nie. Das Schleiertragen der Frau, das in Ägypten und vielen anderen arabischen Ländern übrigens kein Zwang ist, wird oft als Beweis für ihre Unterdrückung angeführt. Es hat aber vielfältige, interessante Aspekte und darf nicht so einseitig beurteilt werden. Auf keinen Fall bedeutet es Unterdrückung von Schönheit, Erotik und sexueller Freiheit – es sei denn, das Verbot, mit jedem Mann schlafen zu dürfen, bedeutet den Verlust der Freiheit schlechthin.

Wer in den Gassen eines orientalischen Bazars einhergeht, stößt unwillkürlich mit Menschen (Männern!) zusammen. Die leichtbekleidete europäische Touristin ist empört, wenn die Männer auf so einen Reiz reagieren. Die Orientalin weiß um die »Reizbarkeit« des Mannes und freut sich darüber. Allerdings bezieht sie sich dabei auf ihren eigenen Mann. Innerhalb der Ehe ist sexuelle Lust nahezu unbegrenzt erlaubt und absolut nicht verteufelt. Fühlt sich eine Frau in der Ehe vom Manne unbefriedigt, so ist das ein anerkannter Scheidungsgrund. Und das Schreckensbild von der an einen ungeliebten Mann verkauften Frau ist so allgemeingültig wie jenes von der rauschgiftsüchtigen Prostituierten am Bahnhof Zoo.

Hat eine verschleierte Frau noch keinen Mann, so ist sie auf ihre Blicke, ihre Stimme, ihren anmutigen Gang, auf den Duft ihres Körpers angewiesen, um dem Auserwählten Signale zu setzen. Emanzipierte westliche Frauen müßten eigentlich davon begeistert sein: Kommt es doch bei der Verschleierten auf Einfallsreichtum an. Es wäre viel einfacher, aber auch langweiliger, einen Minirock anzuziehen und abzuwarten. Das moderne »coole« Auftreten setzt viel höhere Barrieren als jeglicher Schleier und ist zudem oft ohne jede Spannung. Die Ägypterinnen mit ihrem wiegenden Gang unter weiten Gewändern und dem frech-scheuen Lächeln im Gesicht wirken demgegenüber viel »gefährlicher«.

Irgendwie also scheinen wir Frauen etwas »Schleierhaftes« zu brauchen, was das letzte Geheimnis verbirgt, die

Männer unsicher macht und nicht gleich zugreifen läßt. Ob wir der Schleierfunktion allerdings unsere weibliche Beweglichkeit und Lebendigkeit opfern wollen, muß jede Frau für sich selbst beantworten. Die Frigidität vieler Frauen hat bestimmt hier eine ihrer Ursachen. Machen Sie sich bewußt, welch brutale Form von Schleier wir durchs Hintertürchen in Europa zulassen.

2. Tag
Beckengymnastik

»Ich lächle ob ihrer Hüften,
wenn sie im Gange sich wiegt...«

9. Nacht der 1001 Nächte

Nicht zu Unrecht hat die westliche Frauenbewegung erkannt, daß es an der Zeit ist, jahrhundertealte Scharniere eines eisernen Keuschheitsgürtels im weiblichen Beckenbereich aufzubrechen. Ob gesellschaftspolitische Unterdrückung oder schlicht das kalte nördliche Klima schuld an dem Phänomen des erstarrten Beckens sind – es bremst unsere Lebenskraft erheblich.

Darum befassen wir uns heute sofort mit unserem Becken, wobei Sie erstaunt feststellen werden: Warum habe ich mich nicht eigentlich schon immer so bewegt?

Üben Sie ruhig während Ihres »Besuches«, denn um Krampfzustände zu lösen, eignen sich die folgenden Übungen bestens.

Übung 1: Beckenkippe am Boden

Sie liegen auf dem Boden (Abb. 1) mit leicht gegrätschten, angewinkelten Beinen. Bitte nicht in eine X-Haltung verfallen, sondern die Oberschenkel auseinanderhalten. Im Len-

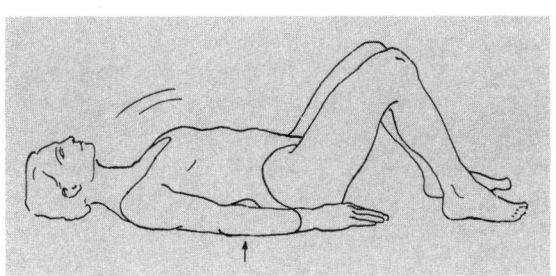

1a

denwirbelsäulenbereich ist der Rücken aufgrund seiner natürlichen S-Form leicht gebogen, liegt also nicht am Boden auf.

Nun pusten Sie den Atem laut und kraftvoll durch den Mund aus. Dabei geht die Bauchmuskulatur unterhalb des Nabels nach innen. Durch den Druck des Bauches nach innen wird die untere Wirbelsäule auf den Boden geschoben und liegt jetzt überall auf.

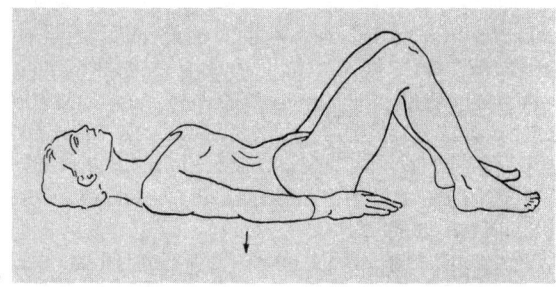

1b

Verharren Sie so einige Augenblicke, und holen Sie langsam durch die Nase Luft, wobei Sie jetzt wiederum mit Konzentration auf die untere Körperhälfte den Bauch nach oben ausdehnen, ihn gewissermaßen »aufblasen«.

Auch hier bleiben Sie einige Sekunden so liegen, ohne zu atmen, dann atmen Sie aus und ziehen den unteren Bauch wie vorhin ein. Wiederholen Sie diese Übung, sooft Sie wollen, mindestens aber siebenmal.

Übung 2: Bauchkippe im Stehen

Fühlen Sie sich in der Beckenkippe am Boden sicher, so versuchen Sie diese Übung im Stehen. Dabei halten Sie eine Hand auf den Bauch, die andere auf das Gesäß, damit Sie das Zusammenspiel von Bauch- und Beckenbewegung genau spüren. Nicht die Pomuskeln zusammenziehen! Das Becken ist eine Schaukel, der Bauch der »Anschubser«.

Becken- und Bauchübungen

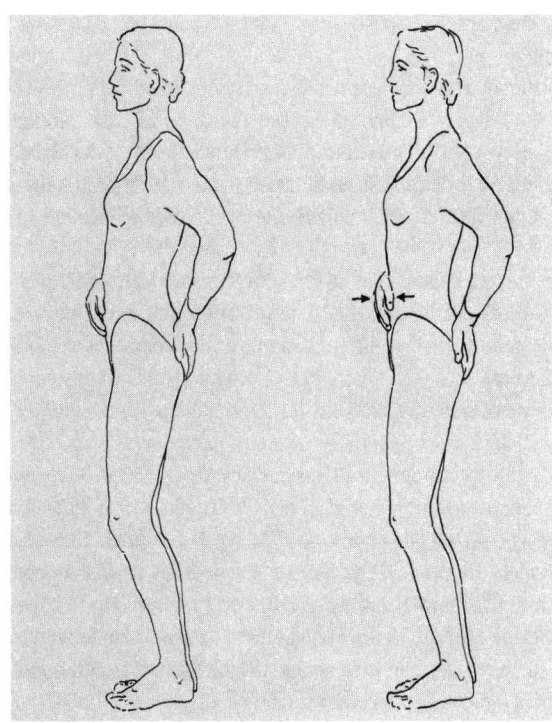

2a+b

Für alle Übungen im Stehen gilt: Beine stehen parallel, und die Knie zeigen, leicht gebeugt, stets in Fußrichtung, d. h. die Füße dürfen immer nur so weit nach außen gestellt werden, wie es die Kniegelenke, die wiederum von den Hüftgelenken abhängig sind, erlauben. Die schon angesprochene X-Haltung der Beine wäre also ausgesprochen schädlich.

Damit Oberkörper und Schultern bei den Stehübungen nicht zusammensinken, empfiehlt sich vorerst ein ganz einfacher Trick: Sie heben den (meist gesenkten) Kopf und blicken geradeaus.

**Übung 3:
Variation
zu Übung 2**

Atmen Sie wieder tief ein. Während sich Ihr Bauch nun schon ganz von selbst nach außen dehnt, geht die darauf ruhende Hand nicht mit, sondern bildet einen festen Widerstand gegen die Bewegung. Der Bauch »will« nach außen, »kann« aber nicht. Dann atmen Sie wieder aus; der Bauch zieht sich daraufhin nach innen, wobei er freilich keinen weiten Weg hat, da ihn die Hand vorher nicht hinausließ.

Sicher stellen Sie bereits erstaunt fest, daß sich Ihre Bauchmuskeln auch nach außen bewegen können, was eine mindestens ebenso große Anforderung an sie darstellt wie eine Kontraktion nach innen. In der Schwangerschaft geschieht das zwangsläufig. Ist dann die Elastizität nach außen bereits vorhanden, schnellt die Muskulatur nach der Geburt wie ein gedehnter Gummi in die Ausgangsstellung zurück. Nach den Entbindungen meiner zwei sehr kräftigen Kinder habe ich sehr bald wieder meine alte Figur gehabt. Möglicherweise haben Sie noch lange nicht vor, ein Kind zu bekommen. Dennoch sind Schwangerschaft und Geburt ein schönes Beispiel für die vielen Fähigkeiten unseres »Wunderwerkes Körper«. Die neu erworbene Elastizität wirkt sich schon bald auf das Bauchgewebe positiv aus.

Unser Becken hat seinen Namen wohl erhalten, weil es ein rundes Gefäß ist; von der Natur als ein sehr bewegliches Gefäß geschaffen, ein schöpfendes wie ein empfangendes, aus dem und in das sich unsere Lebensfreude ergießt. Leider üben wir die Kugelgelenke unserer Hüfte viel zu wenig, vermutlich deshalb, weil ihre Bewegungen bei uns kaum betont und daher nur selten richtig sichtbar werden. Wie wichtig Hüftgelenke sind, spüren oft schmerzhaft alte Leute, aber auch Kunstturnerinnen und Berufstänzerinnen nach jahrelanger geringer gezielter Beanspruchung oder falscher Belastung.

Eine der wichtigsten Regeln für Bauchtänzerinnen heißt: Die einzelne Hüfte muß lernen, völlig loszulassen. So einfach dies klingt und so anatomisch selbstverständlich diese

Fähigkeit eigentlich sein müßte, selbst professionelle Tänzerinnen vergessen sie häufig. Aber auch hier gilt das harmonische Gesamtprinzip des Orientalischen Tanzes: ein gleichberechtigter Ausgleich von oben und unten, von hinten und vorne, von Anspannen und Lockerlassen. Verwundert werden Sie feststellen, daß Sie die natürliche Schwerkraft Ihrer Hüfte beim Lockerlassen gar nicht richtig zu nutzen vermögen. Die Unterscheidung von Anspannen und Lockerlassen will gelernt sein!

Wenn Sie die Hüftwippe gelernt haben, dann beherrschen Sie eigentlich schon eine richtig flotte Tanzfigur. Ob Sie Rock'n' Roll oder orientalische Rhythmen bevorzugen, mit der Hüftwippe läßt sich jeder mitreißende Trommelschlag aufnehmen und betonen. **Übung 4: Hüftwippe**

Diese Figur entsteht durch Gewichtsverlagerung von rechts nach links. Wechseln Sie einfach von einem Fuß auf

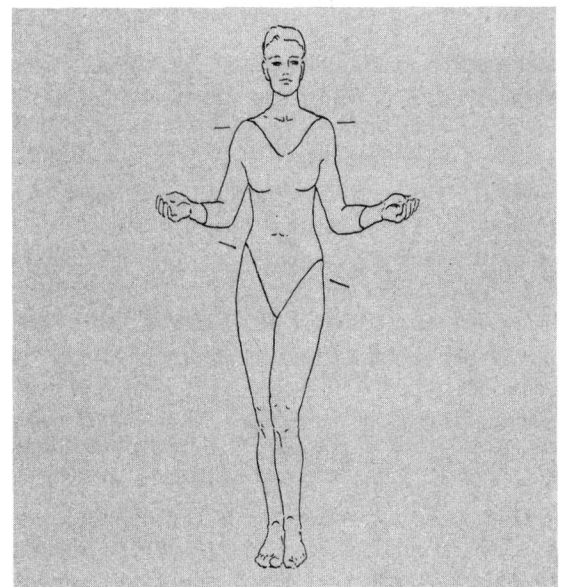

3

den anderen. Die Seite, mit deren Fuß Sie gerade auftreten, drückt die Hüfte ein wenig (!) nach außen. Auf dieser Seite ruht Ihr Gewicht. Die andere Hüfte kann folglich entspannen und nach unten fallen. Schütteln Sie sie regelrecht nach unten aus. Bilden Sie keinen Widerstand im Bein, welches dem Fall von oben ebenfalls locker nachgibt.

Dann wechseln Sie die Seite. Bei dieser Übung ist besonders darauf zu achten, daß die Betonung der Figur auf dem Loslassen nach unten liegt. Sie dürfen also die Hüften nicht zu weit nach oben und nach außen drücken. Haben Sie etwas Geduld! Kommt Ihnen der Fall nach unten zu kurz vor, dann ändert sich das bald: Die Sehnen und Muskeln, die für die ungewohnte Ausdehnung nach unten verantwortlich sind, müssen sich erst entwickeln.

Sackt Ihnen bei der Wippe manchmal das Becken im ganzen nach unten hinten ab? Das bessert sich, wenn Sie auch weiter schön die Beckenwippe trainieren, denn dadurch wird diese Haltungsschwäche erfolgreich behoben.

Übung 5:
Hüfteschieben

Sie können beim Hüfteschieben nichts falsch machen, wenn Sie im Zweifelsfall wieder sehr wirkungsvoll am Boden üben.

Legen Sie sich hin wie in Abb. 1a (Seite 23, Boden-Grundstellung). Versuchen Sie, die eine Hüfte parallel nach unten in Richtung der Füße zu ziehen, die andere nach oben. Ein unsichtbares Gummiband durchkreuzt diagonal Ihr Becken von einer Hüfte zur anderen. Das Gummi wird gedehnt, dann wieder losgelassen. Ein Muskelkater im Bauch bleibt Ihnen zwar nicht erspart, aber das Massagegefühl ist höchst angenehm.

In der Ausgangsstellung befinden sich die Hüften wieder parallel zueinander. Jetzt ziehen Sie die eine Hüfte nach oben und die andere kräftig nach unten. Bald geht der Wechsel fließend vonstatten, so als ob zwei Züge in verschiedene Richtungen fahren und sich dabei begegnen. Die Übung ist ein Wundermittel gegen Verspannungen im Kreuz.

Wenn Sie gerade am Boden liegen, testen Sie einmal die Geschmeidigkeit Ihrer Wirbelsäule. Schaukeln Sie mit rundem Rücken (Abb. 4), rollen Sie langsam Wirbel für Wirbel ab. Die Stellen, die ungewollt hart aufplumpsen, müssen noch entwickelt werden. Befinden diese sich beispielsweise im Bereich der oberen Wirbelsäule, so kümmern Sie sich verstärkt um den ganzen Brustkorb (siehe Seite 47 ff.). Fühlt sich der Rücken weiter unten wie ein Brett an, so sind wir gerade dabei, dem entgegenzuwirken.

**Übung 6:
Rückenschaukel**

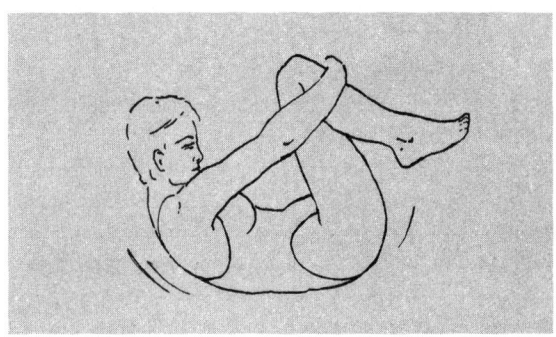

4

Bleiben Sie weiter am Boden in der Ausgangsstellung liegen (Abb. 1a). Stellen Sie sich vor, Ihr Becken sei das Zifferblatt einer Uhr, um das Sie kreisen sollen. Ähnlich wie bei Übung 5 arbeiten die Hüften entscheidend mit. Unwillkürlich werden Sie sich auch der schon beginnenden Fähigkeit bedienen, den Bauch einzuziehen, um dadurch das Becken anzuheben. Heben Sie das Becken aber nie ganz ab, sondern bleiben Sie mit den Wirbeln auf der Erde.

**Übung 7:
Die Uhr**

Dann kreisen Sie ebenso lange in der anderen Richtung. Die »Ischiaszone« wird es Ihnen danken.

Seien Sie nicht traurig, wenn alles nicht gleich so mühelos klappt. Beginnen Sie nochmals von vorne, denn die Übungen bauen aufeinander auf. Viele stellen zunächst verwundert fest, daß sich das Becken von anderen Körperteilen gar nicht zu isolieren vermag, welche immer mitschwanken. Zwingen Sie ab und zu die Beine zum Stillhalten, der Oberkörper ist auf dem Boden ohnehin ruhig fixiert.

Wo und wie üben?

Nehmen Sie sich kein zu hohes Pensum vor, aber üben Sie jeden Tag, selbst wenn es nur ein paar Minuten sind. Allein dadurch, daß Ihre Gedanken spielerisch um die neuen »Erkenntnisse« kreisen, werden Sie Fortschritte machen. Auch viele der im folgenden beschriebenen Übungen können Sie ohne große Vorbereitung immer wieder zwischendurch ausführen: Beckenkreisen, -kippen, Schließmuskel- und Fingerübungen, Gesichtsgymnastik – in einer kurzen Büropause im Waschraum, beim Kochen, innerhalb unausgefüllter Wartepausen, von denen es täglich genügend gibt.

Trainieren Sie sehr versteifte Körperpartien, z. B. den Schulter-Arm-Bereich oder die eine starke Dehnung voraussetzende »Sultansbrücke« (Übung 15, Seite 49 ff.), dann sollten Sie aber unbedingt aufgewärmt sein. Ideal sind zehn Minuten forsches Gehen an der frischen Luft und anschließend fünf Minuten Arme-, Rumpf- und Beineschwingen, leichtes Ausschütteln der Glieder und ähnliches.

Nach diesem täglichen »Grundprogramm«, zu dem es keiner größeren Disziplin bedarf, werden Sie ganz von allein Lust auf mehr Körperbetätigung verspüren. Strecken Sie sich wohlig wie eine Katze, und beschäftigen Sie sich anfänglich mit dem »Tageskapitel«. Später machen Sie so viele Übungen, wie Sie wollen, setzen selbst Schwerpunkte und achten nur darauf, daß jeder Körperbereich gefordert wird.

Von anstrengender Morgengymnastik halte ich im übrigen gar nichts, denn nach dem Aufstehen kommt der Körper erst allmählich in sein gewöhnliches Bewegungsgleis. Der Blutdruck ist bei vielen noch sehr niedrig. Sich maßvoll im

Bett räkeln und strecken, eventuell ein paar Meditationsübungen, ein paar Atemzüge am offenen Fenster – das reicht vollkommen aus. Nehmen Sie sich lieber Zeit zum Duschen und ausgiebigen Einmassieren kostbarer Pflegeöle.

3. Tag
Durch dick und dünn

Bevor wir uns mit der Pflege unseres Bauches beschäftigen, wollen wir uns in einem kleinen Exkurs vom Gymnastikprogramm einem der wichtigsten »Frauenprobleme« zuwenden: Sind Sie mit Ihrer Figur zufrieden? Kaum jemand wird die Frage mit einem klaren ›Ja‹ beantworten, niemand ist mit sich so richtig zufrieden. Die häufigste Klage lautet: Übergewicht. Sie werden von mir keine Schlankheitskur empfohlen bekommen, denn ich halte dies eher für eine Frage des Selbstverständnisses und des Körperbewußtseins.

Ich treffe immer wieder auf hohlwangige Frauen, die durch »Disziplin« beim Essen ziemlich dünn geworden sind und trotzdem behaupten, immer noch ein paar Pfunde zuviel zu haben. Die Vorstellung, mehr als Größe 38 tragen zu müssen, ist für sie eine Horrorvorstellung. Eine verschwindende Anzahl von Frauen, die zwar wirklich mollig sind, es aber mit Humor nehmen, sieht dagegen wesentlich hübscher und gesünder aus.

Ich plädiere weder für »dick« noch für »dünn«. Nicht weil ich faste, bin ich persönlich schlank, sondern weil es meinem Körper im Moment wohl so gefällt. Andere sind eben ein bißchen üppiger »geplant« – kein Grund, sich damit »abzufinden«, sondern einer, darauf stolz zu sein. Selbst wenn man zehn bis zwanzig Kilo mehr auf die Waage bringt, als einem die Durchschnittstabelle zugesteht, ist man deswegen noch längst nicht unattraktiv. Im Gegenteil – die

Polster tragen wahrscheinlich zur Schönheit bei. Denn korpulente Frauen haben meist einige entscheidende optische Pluspunkte gegenüber den schlanken: ein wunderbares Dekolleté, zarte Haut bis ins hohe Alter (sofern sie mit der Sonne keinen Schindluder treiben), da »Polster« die Faltenbildung erheblich mildern. Und was mich immer wieder verblüfft: eine Leichtigkeit in den Gliedern und eine erstaunliche Weichheit beim Erlernen auch der schwierigsten Bauchtanz-Figuren. Denn dort, wo sich die Schlanke dauernd verspannt, lassen die Muskeln das Gewicht gerne los. Im ungünstigsten Fall wirkt »die Dicke« faul, oft jedoch entspannt und ausgeglichen. In dem Fall, wo jene träge ist, steckt oft Resignation dahinter. Sport ist im Westen etwas für Schlanke. Selbst ich mit meiner kleinen Größe finde immer nur Gymnastikanzüge, die eng wie eine Wurstpelle sitzen.

Und schließlich haben Schlanke ebenso gegen Erschlaffung des Gewebes, Zellulitis oder Schwangerschaftsstreifen zu kämpfen.

Warum so viele wirklich Schlanke dauernd abnehmen wollen, kann ich mir nur folgendermaßen erklären: Die Mode ist der weiblichen Figur nicht wohlgesonnen. Ich als »Dünne« habe beispielsweise in Jeans immer das Gefühl zu platzen. Kaum sitze ich, drückt mir der Gürtel auf den Magen. In Jeans macht das Essen so schon mal keinen Spaß. Mit dem Rest der Garderobe sieht es ähnlich aus. Hat man ein Pfund zugenommen, paßt nichts mehr, und manche geraten in Panik. Was soll man machen? Auf modisch enge Kleider verzichte ich als Schlanke deswegen nicht. Es gibt z.B. todschicke Schlauchkleider aus Stretchstoff, der meinem Magen auch beim Essen im Sitzen Platz läßt.

Ab Größe 44 aufwärts muß man auf keinen Fall modischen Verzicht üben oder »kaschieren«. Auch hier heißt es, seine zahlreichen Vorteile zu nutzen: Viele wunderbare Sachen stehen wirklich nur etwas fülligeren Figuren. Auffällige Farben und Muster wirken nur auf »Fläche« – eine schlanke Frau würde davon erdrückt. Lange Kleider mit seitlichen Schlitzen, breite Hüften mit einer Schärpe zusätzlich betont (wie bei den Folklore-Tänzerinnen in Ägypten), können den Reiz einer solchen Figur außerordentlich verstärken. Auch seidige, duftige Stoffe, die da und dort ruhig durchsichtig sein dürfen, passen gut zu ihr, von aufregenden Ausschnitten ganz zu schweigen. Denken Sie um: Ob Ihre Figur in Form ist, hängt weniger von der Waage ab, als Sie glauben.

Ich habe es selbst erlebt: Mit achtzehn kam ich nach Ägypten, wo ich dank der Kochkünste meiner Familie innerhalb von einem halben Jahr sage und schreibe elf Kilo zunahm (von 52 Kilo auf 63!). Laut Tabelle hatte ich entschieden »Übergewicht«. Dennoch war meine Figur so »knackig« wie nie zuvor. Ich hatte nämlich gleichzeitig begonnen, regelmäßig zu tanzen. Das Essen unterschied sich von dem in Deutschland erheblich: sehr viel frisches Gemüse, Kräuter, kein Schweinefleisch, aber frisches Rind und Lamm, dieses häufig in großen Mengen Fett zubereitet, das allerdings entweder aus frischer Butter oder reinstem Olivenöl bestand. Sogar die Kalorienbomben von Süßigkeiten waren letztlich reich an vielen gesunden Stoffen, da sie hauptsächlich aus Nüssen und Honig bestanden. Kohlenhydrate lieferten mir in reichlicher Menge Fladenbrote aus Vollkornmehl oder frische Früchte mit viel natürlichem Zucker.

Danach hielt ich mich acht Wochen in Europa auf. Etwas weniger Bewegung und das typisch deutsche Essen, hauptsächlich in Restaurants, wo vergleichsweise wenig frische Sachen auf den Tisch kamen, und meine Figur wurde zu meinem Erstaunen in dieser kurzen Zeit schlaff und häßlich, obwohl ich drei Kilo abnahm. Kaum wieder in Ägypten zurück, wo das Thema »Schlankheit« auch nicht dauernd besprochen wurde, kehrte meine hübsche Rubensfigur wieder zurück. Die entscheidende Erfahrung für mich war dabei aber, daß gesunde Nahrung nicht nur die Schönheit von Haut und Haaren beeinflußt, sondern auch die Festigkeit des Gewebes, ob nun viel Körpermasse vorhanden ist oder nicht. Etliche Frauen erleben durch richtige Bewegung, gesunde Ernährung und selbstbewußtes »Akzeptieren« ihres üppigen Körpers geradezu eine Euphorie. Möglicherweise stecken ganz andere Probleme dahinter, wenn das Schlankheitsthema ständig im Kopf herumspukt. Vielleicht macht Ihnen ein voller weiblicher Körper Angst, denn er ist zweifellos erotisch und übt auf viele Männer einen sexuellen Reiz aus. Aber ich möchte mich vor vorschnellen Psychologisierungen hüten und Ihnen lieber einen Tip geben, wie sich das wirklich zu jedem Typ passende Gewicht von selbst einstellt: Wenn Ihre Gedanken dauernd lustvoll um das Essen kreisen, dann lenken Sie sie in die richtige Richtung. Malen Sie sich die leckersten Gerichte aus, gehen Sie häufig einkaufen, und kochen Sie für Ihre Freunde, wann immer Sie wollen. Es gibt nur eine einzige Einschränkung: Alles muß gesund sein. Einschlägige Literatur gibt es darüber in Hülle und Fülle. Machen Sie aber nicht wieder eine Religion daraus. Nur was Sie selbst von Ihrem inneren Gefühl her akzeptieren, wird für Sie das genau Passende sein. Im großen und ganzen sind alle Nahrungsmittel in Ordnung, die frisch und naturbelassen sind. Stoppen Sie das Kalorienzählen, und stellen Sie die Waage in den hintersten Schrank. Das Bauchtanz-Gymnastik-Training modelliert durch Isolations-Bewegungen, die nur an ganz bestimmten Stellen Fett verbrauchen, sogenannte Problemzonen. Es stimmt also nicht, daß »man immer nur dort abnimmt, wo man eigentlich gar nicht will«. Übrigens schlummert zwischen barocken Formen oft eine zauberhafte Taille. Bei knabenhaften Figuren mit schmalen Hüften fällt die Taille meist gar nicht so schön auf.

Na ja, und wenn sich Ihre leidenschaftliche Haß-Liebe-Beziehung zum Essen zugunsten einer vertrauensvollen Freundschaft entwickelt hat, so trennen Sie sich von Ihrem neuen Freund manchmal freiwillig, weil Sie andere Sachen gerade mehr in Anspruch nehmen. Fühlen Sie sich mit Ihrem Körper glücklicher, so werden auch seelische Energien frei. Sinnloses Reinstopfen gar nicht mal so schmackhafter »Knabbereien« und Süßigkeiten entfällt zugunsten aller möglichen kreativen Aktivitäten, die plötzlich Spaß machen und zu denen Sie sich nicht erst mühsam aufschwingen müssen. Geben Sie aber Ihr Hobby, phantasievoll zu kochen, niemals auf. Hierzu gibt es einige Anregungen am 19. Tag – natürlich nach orientalischer Art.

An dieser Stelle werden einige sich wundern, warum ich denn noch nicht über Dünne, die dick werden wollen, gesprochen habe. Mir geht es zum Beispiel so, daß ich immer dann, wenn ich wegen Grippe, anstrengender Tournee, unregelmäßiger Essenszeiten und sonstiger Belastungen zwei Kilo abgenommen und wochenlang nicht wieder zugenommen habe, nach Tips zum alsbaldigen Zunehmen suche. Das ist gar nicht einfach: Es ist anscheinend viel leichter abzunehmen, als das Gegenteil zu wollen. Sahne, Schokolade, Torten vertilgen – alles vergeblich. Also vergesse ich das ganze Ärgernis. Und siehe da: Mein Gewicht pendelt sich wieder ein. Dieselben Empfehlungen für Dicke gelten also auch für Schlanke.

Besonders drastisch erlebe ich das jeden Sommer in der Türkei. Bei frischer Luft, Meer und Wärme fühle ich mich wohl wie sonst nirgends. Das sehr gesunde, aber deswegen noch lange nicht kalorienarme Essen schmeckt mir gut. Dabei bewege ich mich viel mehr als das ganze Jahr über: tägliche Bauchtanz-Auftritte und mehrmals am Tag Schwimmen im Meer. Am Ende des Sommers besitze ich drei Kilo mehr. Das Interessante daran aber ist erst, daß mein Mann in derselben Zeit seine gewünschten fünf Kilo abnimmt. Dabei ißt er fast haargenau soviel wie ich und bewegt sich weniger. Bei uns beiden holt sich also der Körper in der ausgeglichenen Atmosphäre der Umgebung genau das, was er braucht: ich etwas mehr »Substanz«, mein Mann etwas weniger an überflüssigem Ballast.

4. Tag
Nabelschau

Seltsam, wie wenig differenziert Frauen hierzulande ihren Bauch sehen. Der Bauch als Sex- oder Schönheitssymbol existiert offensichtlich überhaupt nicht. Männer dagegen behaupten häufig, es sei eine uralte Weisheit, daß eine wahrhaft schöne Frau einen Bauch besitzt, und zwar sei eine Wölbung unterhalb des Bauchnabels bis zum Schambein am schönsten.

Der Grund dafür, daß alle Fotomodelle so »bauchlos« sind, dürfte wohl darin liegen, daß sich eigentlich erst die Frauen »in den besten Jahren«, die im Berufsleben stehen, teure Mode leisten können und irrsinnigerweise ein völlig überzogenes Ideal von Jugend und Schlankheit verehren und züchten. Normalerweise sollten sechzigjährige Mannequins genauso an der Tagesordnung stehen wie achtzehnjährige, und die ewige Schablone »jung-schlank-erfolgreich« sowie »alt-dick-problematisch« sollten wir einfach vergessen. Denn wir Frauen sind es wirklich selbst, die einerseits dieses Klischee heftig ablehnen, es andererseits aber verinnerlicht haben.

Sehr jung und sehr schlank – so könnte man auch ein Kind umschreiben. Vielleicht entbehren wir die heitere Unbeschwertheit längst vergangener Kindertage. Psychologen jedenfalls halten das asketische Schlankheitsideal für die Verleugnung unserer Sinnlichkeit. Daher sollten wir uns endlich das zurückholen, was wir wirklich erträumen: die unbefangene Lust am Leben.

Im Orient hätte ich mit der Behandlung von Gewichtsproblemen schon längst Langeweile geschaffen. Dort wird Schönheit nicht so sehr nach der Waage bemessen wie im Westen. Die alten arabischen und persischen Dichter besangen sowohl Schlankheit als auch Fülle. Von Lenden, voll und rund »wie Sandhügel«, schwärmt Antara. Ein liebender Jüngling aus der 731. Nacht der Tausendundeinen Nächte schwärmt von seinem Mädchen:

> »Und wenn ihr schlanker Leib sich biegt und wiegt im Schreiten,
> So wird im Weidenlaub der Zweige Neid entfacht.«

Häufig wird der Wuchs des Körpers mit einem Baum verglichen:

> »...So rund der Arm, und der Wuchs ein ragender Baum.«
> *(Sijad ben Hamal über seine Geliebte Ruweika)*

Ob Weide oder Palme, das Bild des Baumes ist ein sehr lebendiges. Auffällig ist zwar, daß »Schlankheit« als edelstes Schönheitsattribut zu gelten schien, beim genaueren Lesen der Dichterverse nimmt man jedoch wahr, daß der Eindruck von »Schlankheit« eher durch die Bewegung des Körpers hervorgerufen wird. »Schlankheit« war stets das Synonym für »Anmut«, »Weichheit« und »Biegsamkeit« – Fähigkeiten, die nach meinen Erfahrungen füllige Frauen manchmal leichter erreichen als dünne, die leicht verhärtet erscheinen.

> »Der Sonne wollt ihr gleichen, doch vermocht es nie.
> Wie kann die Sonne wohl sich so im Schreiten wiegen?
> Wann hat Gestalt und Art so schön der Mondenschein?« *(731. Nacht der 1001 Nächte)*

Stets wurden aber auch eine Vielzahl anderer sehr feiner Reize beschrieben, von denen wir oft nicht glauben, daß ein Mann diese durchaus auch heutzutage noch bemerkt:

>>Ihr Brustbein ist ein Spiegel, ein glatter von Metall.<<
(Imrulquais)

>>Mit einer zarten Hand gefärbten Fingerspitzen,
gleich Blüten, die nicht fest an ihrem Stengel sitzen.<<
(Nabigha)

Diese Dichter der vorislamischen Zeit hatten gewiß viel Muße für solche Beobachtungen. Ich bin aber der Meinung, daß auch die heutigen Männer einen geschärften Blick dafür bewahrt haben, wenngleich sie nicht so schöne Worte finden. Jedenfalls erweckt unsere einseitig fixierte Werbung zu Unrecht den Eindruck, die Po-Busen-Schlüsselreize reichen aus, einen Mann zu fesseln.

Wenden wir uns heute noch einmal dem Bauch >>praktisch<< zu. Betrachten Sie ihn liebevoll. Schließlich ist hier gewissermaßen unser Mittelpunkt. Im Bauch wird die Ernährung in Lebenskraft umgesetzt, hier entsteht und wächst neues Leben. Und bedenken Sie: Gerade bei uns Frauen setzen sich Frust und ungelöste Probleme im Bauch fest. Warum haben viele von uns denn schon in jungen Jahren so häufig >>gynäkologische Probleme<<? Mir leuchtet nicht ein, weshalb ausgerechnet die Fortpflanzungsorgane so besonders anfällig oder degeneriert sein sollen. Zum Glück gibt es einige Frauenärzte und -ärztinnen, welche die Frau als Ganzes sehen und in manchen Fällen versuchen, den psychischen Knoten zu lösen und auf diese Weise heilend einzugreifen. Etwas näher lernen Sie Ihren Bauch kennen bei den folgenden Übungen:

**Übung 8:
Beckenkreis auf
allen vieren**

Eigentlich könnte die Übung auch »Bauchkreis« heißen, da wiederum nur der Bauch die Bewegung zentral steuert. Sie dürfen also nicht angstvoll die Po-Muskeln zusammenkneifen.

Ähnlich wie bei Beckenkippe (Übung 1a+b, Seite 23f.), bei welcher der ganze Trick darin besteht, das Becken durch den eingezogenen Bauch nach vorne zu drücken und durch Loslassen wieder nach hinten fallen zu lassen, geschieht das gleiche jetzt kreisförmig. Das Becken wird nicht durch eine Kippbewegung nach vorne bewegt, sondern durch einen schön »malenden« Kreis.

Zeichnen Sie einfach mit dem Po an eine unmittelbar dahinterliegende unsichtbare Leinwand schöne runde Ringe. Denken Sie nur daran, daß sich der Bauch beim Bogen nach oben entspannt und beim Bogen nach unten sich nach innen zusammenzieht (Abb. 5).

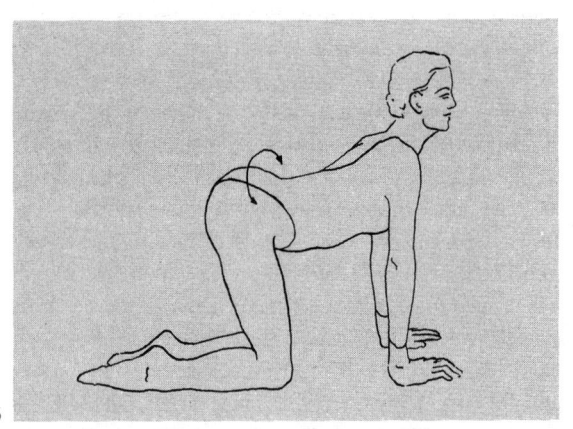

Ohne daß Sie sich intensiver darauf konzentrieren müssen, gewöhnen sich die unteren Bauchmuskeln eine Rotation von links nach rechts und umgekehrt an: Der Nabel beginnt stilecht zu kreisen.

Übung 9: Beckenwelle

Die Beckenwelle ist eine Steigerung der Übung 1, der Beckenkippe, wobei wir jetzt zusätzlich die Muskelpartie oberhalb des Nabels aktivieren. Das dumpfe, unzufriedene Gefühl, man habe Bauchspeck, rührt meist nur von einer kleinen (oder auch größeren) Speckfalte in der Magengegend her, welche unsere Kleidung außerdem noch unangenehm herauszudrücken versteht. Diese Partie ist eine unserer untätigsten überhaupt; sie weitet sich nur passiv, beim Essen, aus.

Wie bei Übung 1 atmen Sie also aus und drücken den Bauch unterhalb des Nabels nach innen, versuchen Sie aber diesmal anschließend, ihn auch weiter oben bis zum Magenbereich nach innen zu ziehen. Zeit haben Sie dazu ausreichend, wenn Sie nach dem Ausatmen nicht gleich wieder Luft holen müssen.

Atmen Sie schließlich wieder langsam ein, wobei sich genau wie bei Übung 1 zuerst die untere Bauchpartie »auffüllt«, dann müssen Sie aber auch die Magenpartie wieder nach außen dehnen. Beim erneuten Ausatmen geht es wieder von vorne los – also immer mit der unteren Bauchmuskulatur beginnen, seien es Kontraktionen oder Ausdehnungen. Mit Hilfe von Atmung und Muskelarbeit wogt der Bauch wellenförmig von unten nach oben und wieder zurück.

Bauchgymnastik und Atmung

Vielleicht sind Sie anfangs skeptisch: Soll man nicht grundsätzlich stets tief durch den Bauch atmen? Im Prinzip ist das richtig. Rollen Sie aber Ihren Bauch ein paarmal schnell hintereinander, kommen Sie mit den Atemzügen nicht mehr hinterher, was auch ungesund wäre. Vielmehr werden Sie, von Ihrem Bewußtsein nicht wahrgenommen, kürzer Luft holen – *das* aber bestimmt in der richtigen Reihenfolge: Der Bauch bläht sich beim Luftholen auf usw. (wie in Übung 8 beschrieben). Solange Sie noch Seitenstiche bekommen, blockieren Sie die Atmung, indem Sie beim Luftholen stokken oder in der falschen Reihenfolge ein- und ausatmen. Manchmal versorgt man den Körper mit einem Zuviel von Sauerstoff, wenn man eilig ausatmet, um schnell wieder einzuatmen. Dadurch wird einem dann leicht schwindelig. Das klingt jetzt alles aber sehr viel komplizierter, als es ist. Der Erfolg einer jeden Atemtherapie, deren Notwendigkeit man seit kurzem für viele Menschen erkannt hat, ist schließlich der, daß der Mensch *unbewußt* richtig zu atmen vermag.

Stopfen Sie sich also Ihren Kopf nicht mit zuviel Theorie voll, sondern üben Sie ganz einfach langsamer. Dann läßt der Erfolg nicht auf sich warten. In der europäischen Hast stolpert man häufig über viele Dinge und ist später am Ziel als mancher »langsamere« Mensch.

Was Sie sich beim Bauchtraining erst allmählich erarbeiten, nämlich die anfangs so schwierig erscheinende Loslösung der Muskelarbeit von der unmittelbaren Atmung, stellt sich schon bald erfolgreich bei anderen Tätigkeiten ein: Sie atmen automatisch richtig (und versorgen dadurch Ihren Körper optimal mit Sauerstoff), z. B. beim Radfahren, Treppensteigen, Laufen usw. So haben Sie ganz nebenbei beim Bauchtraining Wichtiges über Ihre Atmung gelernt. Auf das Thema »Atmung« werde ich übrigens noch hin und wieder zurückkommen.

Die nächste Steigerung der wogenden »Beckenwelle« ist vielleicht noch leichter, weil sie die übertriebene Aufmerksamkeit für die Atmung, die sich mühelos richtig einstellen wird, auf den Rücken hinlenkt.

Übung 10: Rückenschlange vorwärts

Durch die letzten Übungen hat der Rücken von unten bis zur Höhe des Brustkorbes schon viel von seiner Starre verloren, da die rollenden Bauchmuskeln die Wirbelsäule anheben, wieder loslassen, die entsprechenden Partien Stück für Stück strecken und entspannen. Nun erweitern wir diese Geschmeidigkeit bis hinauf zum Kopf.

Legen Sie sich in der Bodengrundstellung hin (Abb. 1a), heben Sie den Rücken an (Abb. 6a), und legen Sie von Kopf bis Steiß Wirbel für Wirbel auf den Boden (Abb. 6b). Kommt der letzte Steißwirbel auf der Erde an, biegt sich das Becken zurück (Abb. 6c), und es drängt Sie jetzt von allein, den Rücken wieder anzuheben wie in Abb. 6a. Sie rollen, wenn Sie weitermachen, immer ein Stückchen vorwärts.

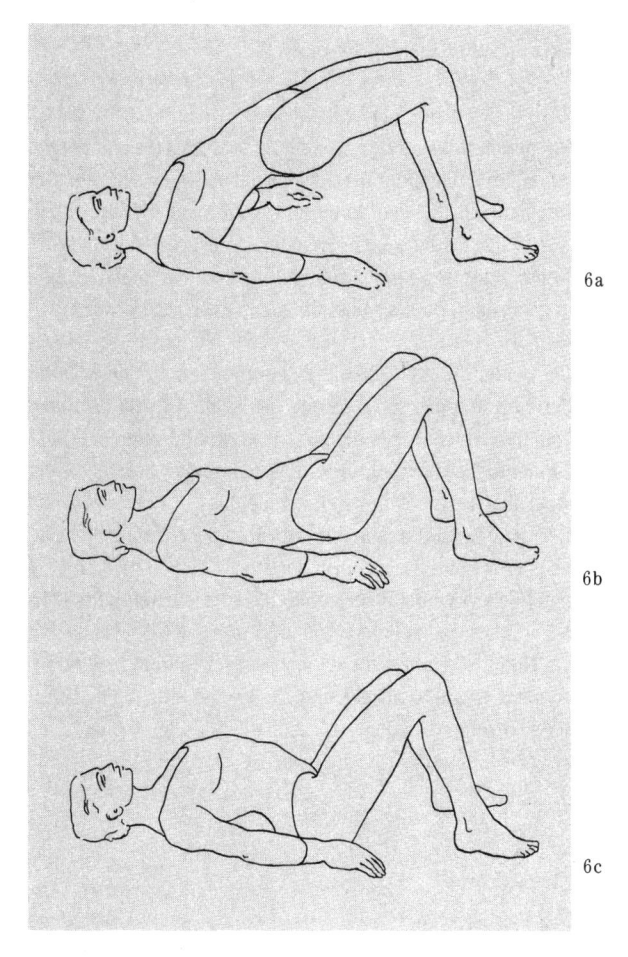

6a

6b

6c

Sehr geübte Tänzerinnen können mit ausgestreckten Beinen und Armen, was die Übung sehr anstrengend macht, wie eine Schlange in Windeseile über eine große Bühne »huschen«. Freilich kommt das in der Praxis kaum vor, so eindrucksvoll auch die Wirkung ist. Immerhin üben wir Tänzerinnen diese Rückenschlangen für aufregend wogende Figuren im Stehen. Auch Sie können den Schwierigkeitsgrad erheblich vergrößern, wenn Sie die Beine immer ein Stückchen mehr ausstrecken.

Variation zu Übung 10

Wird Ihr Wohnzimmer zu klein, kehren Sie um:
Sie nehmen die Ausgangsstellung von Abb. 6a ein, biegen das Becken nach hinten und setzen den Steißwirbel auf, der Rücken rollt diesmal von unten nach oben. Bei der Rückwärtswelle fordern Sie noch mehr als bisher den Brustkorb, welcher der Bewegungswelle diesmal von unten nachgeben und sich somit beim Anheben mehr »anstrengen« muß.

Bei beiden Rückenschlangen verbrauchen die Muskeln an der Körpervorderseite enorm viel Kraft. Die Rückenmuskeln werden ebenfalls dadurch gestärkt und gestreckt. Bald hat der Rücken eine natürliche, geschmeidige Stütze, die ihn stets die richtige Haltung einnehmen läßt.

Trotz der Anstrengung überfordert diese Übung nicht im negativen Sinne, dafür sorgt der Ausgleich von Anspannung und Lockerlassen mal des oberen, mal des unteren Rückenabschnittes. Sie spüren allmählich, daß die Wirbelsäule von der Natur weder als Stock noch als loser Gummi geplant ist, sondern vielmehr als gelenkige Kette mit etlichen Gliedern (den einzelnen Wirbeln). Diese ölen wir immer mehr.

5. Tag

Der Brustkorb

Beim Bauchtanz spielt der Brustkorb als Sitz mannigfaltiger Gefühle eine wichtige Rolle. Im Prinzip ist er zu ähnlichen Figuren wie denen des Beckens fähig. Er kann kreisen, rollen, wippen, zittern usw. Sie werden aber möglicherweise feststellen, daß der Brustkorb schwieriger weich zu machen ist als der Unterkörper. In der Tat ist der Oberkörper vieler Menschen wie aus Eisen gegossen, keineswegs aber stark und unerschütterlich, sondern eine schiefe, baufällige Etage im Körpergebäude, welche die wenigen darüberliegenden Etagen (Schultern, Hals, Kopf) kaum zu tragen vermag. Falsche Armbewegungen rütteln außerdem an diesem unflexiblen Block, der immer mehr in sich zusammenschrumpft. Flache Atmung infolge mangelnder Bewegung, allgemeine Erschöpfungszustände nisten sich im Brustkorb als sichtbare und spürbare Krümmung ein. Nicht grundlos geht ein »gebrochener« Mensch gebeugt.

Als Frau denken Sie beim Brustkorb wahrscheinlich zuerst an die Pflege des Busens und nehmen den Zusammenhang mit der Beweglichkeit des Oberkörpers gar nicht so wahr. Verschiedene »Untersuchungen« versuchen zu belegen, daß sehr viele Frauen bereits ab dem 25. Lebensjahr den Schönheitsverlust ihres Busens bitter beklagen. Oft wird in diesem Zusammenhang dann die vorbeugende Pflege mit Hilfe dubioser, sündhaft teurer Präparate empfohlen, um dem Busen »aufzuhelfen«. Denn wenn, so geht das Schreckgespenst um, der Busen erst mal erschlafft ist, dann helfe nicht mehr viel. Da es aber rein statistisch gar nicht so viele Frauen gibt, die einen auffällig welken Busen besitzen, ist diese Verbrauchergruppe wahrscheinlich zu uninteressant, so daß die Kosmetikindustrie darauf verzichtet, dieser Gruppe Besserung zu versprechen. Denn dabei dürfte die Nutzlosigkeit eines Mittels eher entlarvt werden als bei der »Pflege« eines ohnehin einigermaßen straffen Gewebes. Natürlich erkenne ich den Wert wirklich reiner Öle und Salben für die Körperpflege an. Doch die vielerorts aufgestellte Behauptung, der Busen sei lediglich durch einen einzigen Muskel gestützt, nämlich den Brustmuskel, entbehrt schlicht der Wahrheit. Der gesamte Brustkorb ist an der Form des Busens erheblich mitbeteiligt. Es kann daher ohne weiteres sein, daß Sie sich jahrelang zu Unrecht einbilden, einen Hängebusen zu haben, in Wirklichkeit aber lediglich Ihren gebeugten Brustkorb nicht zur Notiz genommen haben. Selbst schon erschlafftes Busengewebe nimmt man kaum wahr, wenn der Oberkörper gerade und elastisch ist. Eine häßliche Wölbung im oberen Rückgrat fällt dagegen viel eher auf als das Fehlen einer erwünschten »Kurve« des Busens.

Ist Ihr Busen groß und schwer, werden ihm die folgenden Übungen Halt geben. Ist Ihr Busen sehr klein und fühlen Sie sich auch in der Dekolleté-Partie etwas knochig, so macht Geschmeidigkeit einiges wett, abgesehen davon, daß entwickelte Muskeln durch etwas »Masse« die Knochen verdecken können. Begehen Sie auch hier niemals den Fehler, aus Unzufriedenheit über eine Körperpartie diese zu vernachlässigen. Ein vermeintlich häßlicher Busen – und gerade in dieser Hinsicht leiden viele unter eingebildeten Komplexen – verschwindet nicht unter gekrümmten Schultern, sondern fällt eher noch ungünstiger auf, weil der ganze Körperabschnitt leblos geworden ist.

Schauen Sie einer Bauchtänzerin nicht nur auf das Bekken, sondern versuchen Sie auch die Sprache des Oberkörpers zu verstehen. Es gibt Tänzerinnen, die kaum den Oberkörper benutzen, der aber dennoch in sich ruhend eine optimale Ausstrahlung hat. Das Temperament des Beckens kommt noch mehr zur Geltung, wenn der Oberkörper einen Ruhepol bildet. Einige werfen den Busen lediglich in Ermangelung höherer Beweglichkeit, andere rufen eine – völlig unsichtbar von den Schultern ausgehende – passive Zitterbewegung des lockeren Oberkörpers hervor. Das erste ist primitiv und aufdringlich, das andere von einer subtilen erotischen Magie.

Übung 11: Brustkorb aufblasen

Wir bemühen uns, das Becken ruhigzuhalten, und üben daher am besten auf dem Boden im Schneidersitz oder auch auf einem Stuhl. Wählen Sie die für Sie bequemste Haltung. Atmen Sie tief und langsam in die Brust ein (der Bauch ist bei dieser Atmung ausnahmsweise nicht beteiligt), wodurch sich ihr Volumen deutlich vergrößert. Keuchen Sie anschließend kraftvoll und laut hörbar aus, jedoch nicht zu schnell. Hierbei sinkt der Brustkorb in sich zusammen – ähnlich, wie einem Luftballon langsam die Luft entweicht.

Diese Übung sollten Sie einige Male wiederholen, dabei aber nicht in Hast geraten, denn bei zu schnellem Einatmen wird Ihnen leicht schwindelig werden.

Übung 12: Brustkorb nach links und rechts dehnen

Lassen Sie durch völliges Ausatmen der Restluft den Brustkorb in sich locker zusammenfallen. Holen Sie wieder langsam tief Luft, verschieben Sie aber nun den Brustkorb nach links. Vergegenwärtigen Sie sich, daß die Luft in den linken Lungenflügel gepumpt werden soll, wodurch sich auch nur diese Seite aufbläht. Atmen Sie langsam aus, die Brust sinkt dann in die Mitte zurück. Wiederholen Sie das Ganze auf der anderen Seite (Abb. 7a+b).

Anfangs wollen immer noch andere Körperpartien mithelfen: Die Schultern gehen unnötigerweise hoch, ja selbst der Kopf bleibt nicht ruhig. Mit der Zeit läßt sich das aber abstellen.

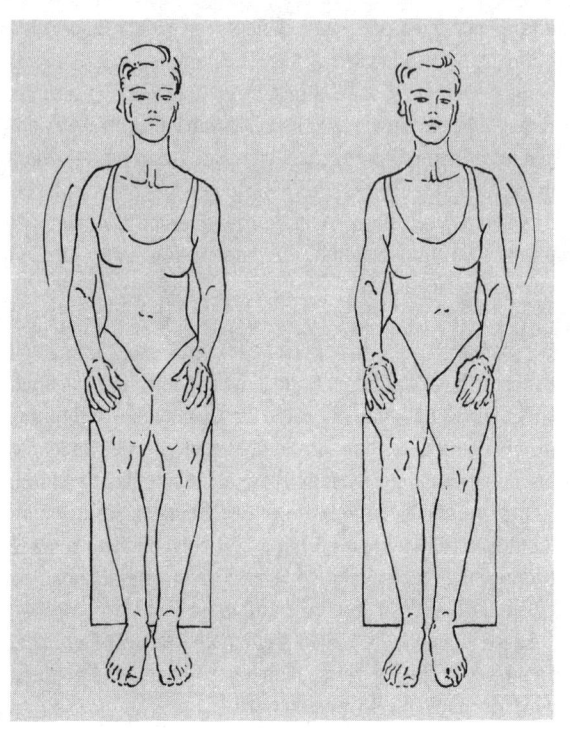

7a + b

Übung 13:
Steigerung zu
Übung 11 und 12

Wenn Sie bei den Übungen gerade das Einatmen beendet haben, lassen Sie die Luft nicht sofort wieder raus, sondern dehnen Sie die Brust noch ein Stückchen nach vorne bzw. zu den Seiten – also ohne Atemhilfe.

Machen Sie sich auch bei den Übungen des Oberkörpers klar, daß stets die entsprechende Körperrückseite mitbeteiligt ist, hierbei folglich der obere Wirbelsäulenabschnitt. Dieser wird beim Einatmen gestreckt, beim Ausatmen fällt er weich in sich zusammen. Bei solchen Übungen zeigt sich deutlich, wo Verspannungen sitzen. Aus einer unbestimmten, häufig sogar schmerzhaften Dauersteifheit konkretisiert sich der Sitz Ihrer Beschwerden bald genauer heraus. So lernen Sie Ihren Körper besser kennen und wissen bald

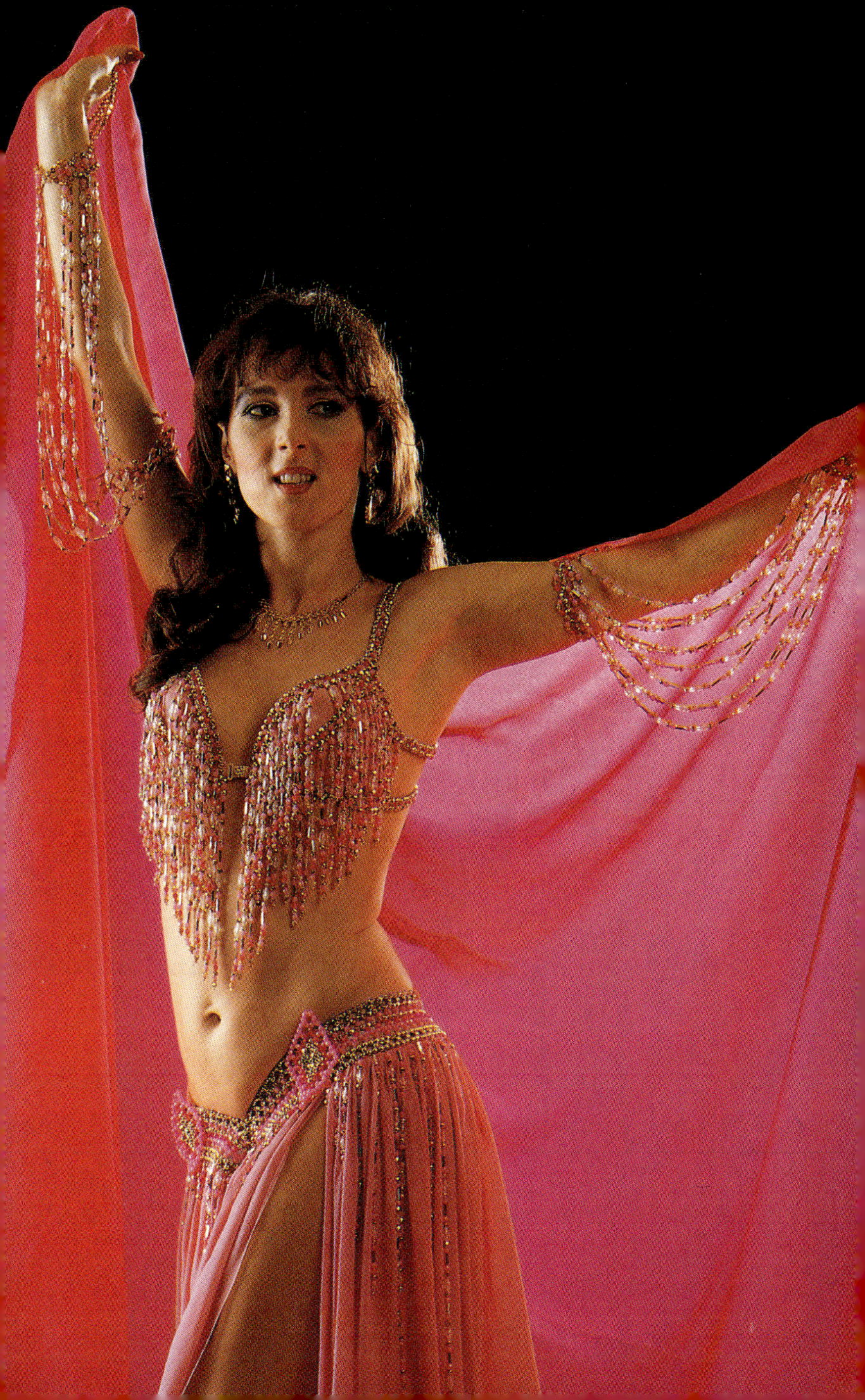

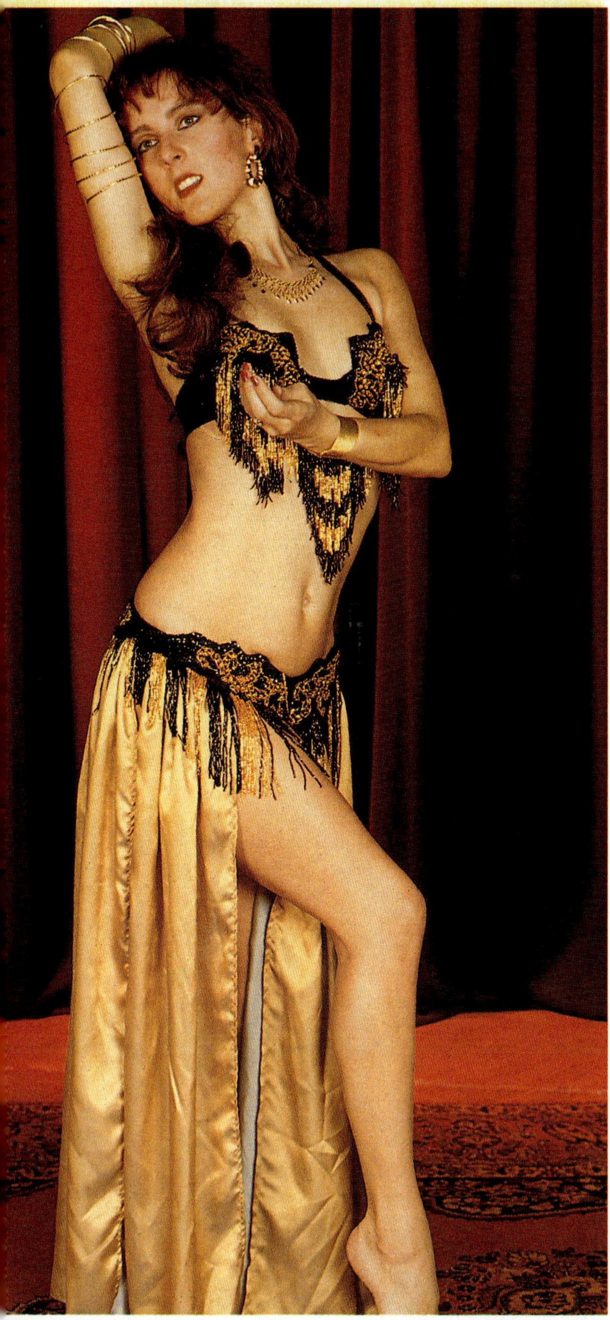
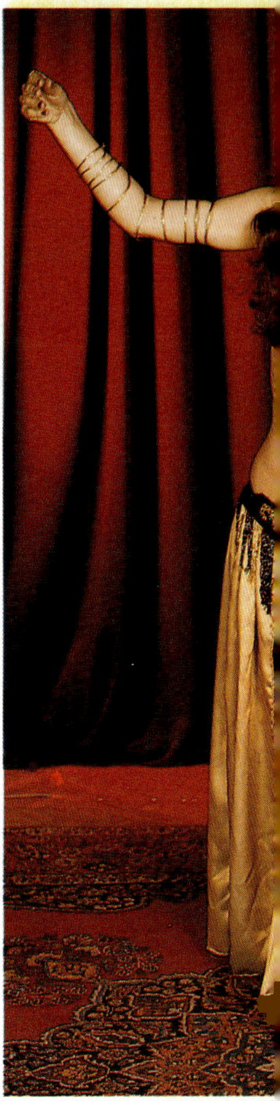

*Ulaya Gadallas Bauchtanz – ein buntes
Kaleidoskop unzähliger ästhetischer Figuren.*

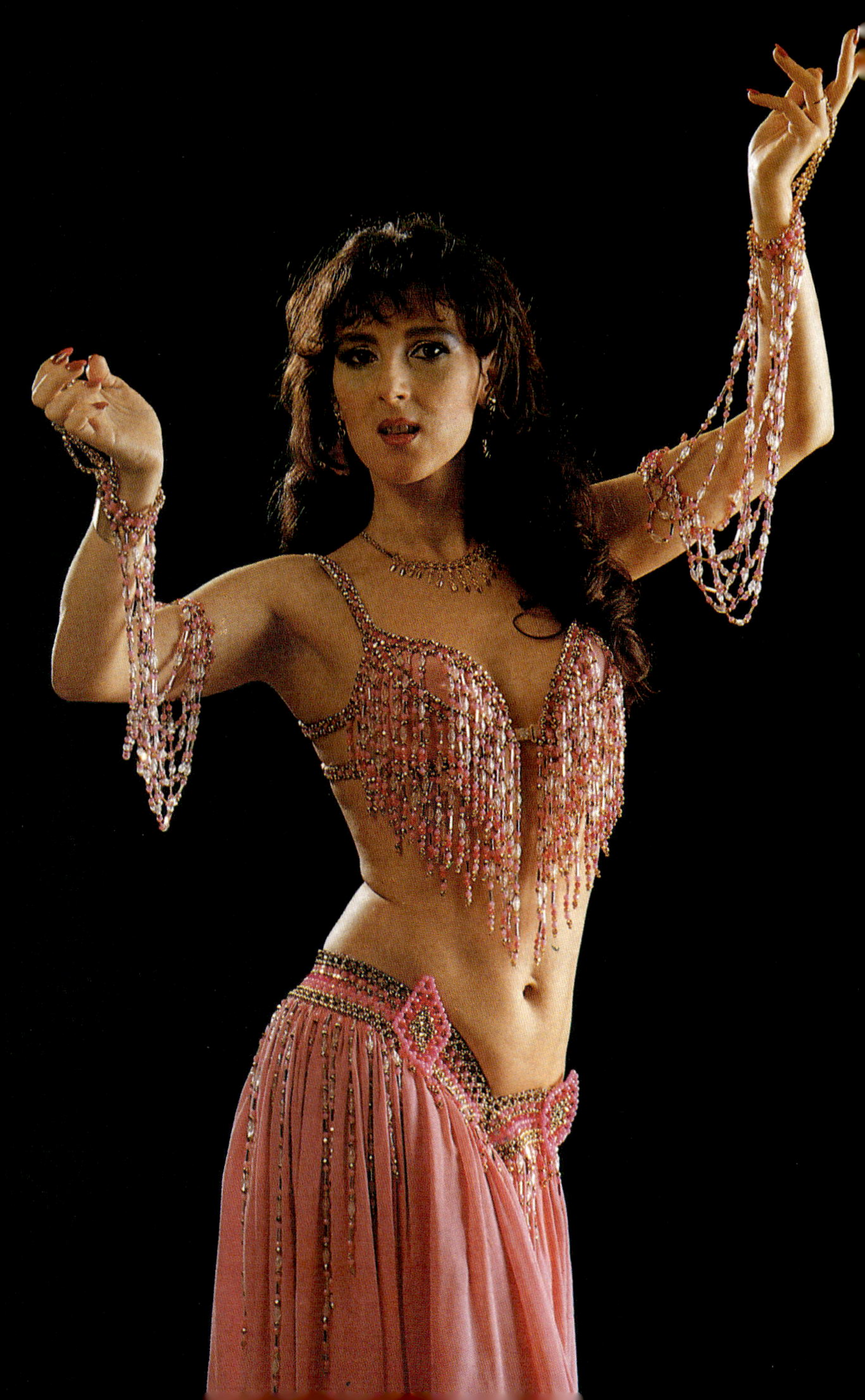

ganz genau, was ihm guttun wird. Freuen Sie sich auch auf die Massage (16. Tag)!

Übrigens erschrecken Sie morgen nicht: Womöglich haben Sie unerklärliche »Herzschmerzen«. Es ist aber nur die muskelverkaterte Brustwand, die sich wundert, wie weit sie zum ersten Mal gezogen wurde. Ganz nebenbei machen die Übungen auch überflüssigem Taillenspeck ein Ende, da der Trennungslinie Brust-Bauch ständig Elastizität abverlangt wird.

Übung 14: Brustkorb kreisen

Sie können den Brustkorb bereits zu drei äußeren Punkten dehnen. Jetzt üben Sie es in dieser Reihenfolge: Ausgangsstellung (= entspannter Brustkorb) – links – Mitte vorne – rechts – Ausgangsstellung. Sie sollen nämlich einen Bogen um sich herum beschreiben. Dafür teilen wir uns nur das Einatmen anders ein. Zur Dehnung nach links reicht uns nun weniger Luft, weil der Brustkasten in seiner Bewegung selbständiger geworden und nicht mehr allein auf das Luftvolumen angewiesen ist. Bis unsere Lungen bis zur äußersten Spitze mit Sauerstoff gefüllt sind, wandert die Brust weiter in die Mitte und anschließend nach rechts. Erst dann atmen wir aus. Man könnte meinen, der Weg zur Ausgangsstellung sei im Vergleich zum Weg des Einatmens relativ kurz, doch das täuscht: Der Brustkorb lernt immer mehr lockerzulassen, gibt also viel von seinem aufgeblasenen Volumen her und sinkt weiter in seinen Mittelpunkt. Ziehen Sie außerdem den Kreis noch ein wenig nach hinten, so daß ein wirklich ausgewogener Kreis um die Brust herum entsteht.

Übung 15: Die Sultansbrücke

In eine weitere, ausgezeichnete Körperübung führe ich Sie heute ein, in die berühmte »Sultansbrücke«, die Sie gewiß als klassische Figur des Bauchtanzes wiedererkennen. Es ist eine anstrengende, aber sehr effektvolle »Verjüngung« für den gesamten Rücken, da die Brücke dem schleichenden Zusammensinken des Körpers entgegenwirkt. Von den

Brustkorbübungen leite ich zu dieser Übung etwas ausführlicher über, weil Sie nach dem bisherigen Training die Isolation der Körperabschnitte schon recht gut verstehen und man die Sultansbrücke nur richtig ausführen kann, wenn man bereits über Kraft im Becken und eine gewisse Elastizität im Oberkörper verfügt. Auf alle Fälle darf der Rumpf nicht als undefinierbares Ganzes gefühlt werden, sondern als vitaler Bereich mit verschiedenen Zonen.

Die Biegung nach hinten folgt genauen Gesetzen, Abschnitt für Abschnitt. Es geht nicht darum, »irgendwie« mit dem Kopf hintenüber zu Boden zu kommen.

Das Zurücklehnen
Knien Sie sich in leicht gegrätschter Haltung auf den Boden. Führen Sie mehrmals die »Beckenkippe« aus, bis Sie die Kraft spüren, das Becken mit eingezogenem Bauch fest nach vorne halten zu können. Atmen Sie normal weiter, und wenn Sie ausatmen, lassen Sie erst den Brustkorb locker nach hinten fallen, dann auch den Kopf. Die Arme dürfen lose an der Seite baumeln, Sie können Sie aber auch nach oben strecken.

Auf keinen Fall sollten Sie mit akrobatischem Ehrgeiz versuchen, weiter nach hinten zu kommen, als es für Sie angenehm ist – die Wirkung der Übung ist auch so groß genug.

Je mehr Sie nun allmählich den Rücken weiter in Richtung Boden biegen, um so mehr wächst die Dehnung der Wirbelsäule, so als wachse die Kraft des Windes, der einen Baum beugt.

Das Aufrichten
Natürlich haben Sie sich nur so weit zurückgelehnt, wie das Aufrichten noch gelingen kann. Die Kraft, den Rückenbogen wieder nach vorn zu ziehen, geht vom Becken aus. Dann richten sich der Brustkorb und schließlich der Kopf auf. Erst danach darf das Becken wieder lockerlassen.

Gegenbewegung
Wenn Sie mühelos auf den Fersen sitzen können, so tun Sie es und legen den restlichen Körper nach vorne. Angenehm ist auch eine andere Umkehrstellung: Sie liegen auf dem Rücken und senken die Beine über den Kopf.

Die Sultansbrücke ist ohne weiteres auch für »Eingerostete« oder ältere Leute geeignet. Sie ist, wenn man sie begriffen hat, ziemlich einfach, da im Bewegungsablauf vollkommen logisch. Leider wird sie oft von Grund auf falsch gelehrt. Laien meinen oft vorschnell, das vorhandene Hohlkreuz, zumindest aber die natürliche Krümmung im Lendenwirbelsäulenbereich sei schon ein Teil der Biegung nach hinten. Das Hohlkreuz – bei starker Ausprägung eine Haltungsschwäche – muß aber erst begradigt werden, bevor man die Brücke bauen kann. Das A und O ist das Verharren in der nach vorn gekippten Beckenlage: Das mit den Bauchmuskeln kraftvoll nach vorn geschobene Becken ist das Geheimnis der gelungenen Brücke!

Ferner bleibt noch darauf hinzuweisen, daß der Nacken nicht überdehnt werden darf. Dies habe ich auch bei den Kopfübungen (11. Tag) angesprochen. Der nach hinten entspannt gehaltene Kopf besitzt eine gewisse Zugkraft auf den restlichen Körper. Aber selbst wenn der Kopf zum Boden gelangt, ist das weniger einer Anstrengung von Hals und Kopf als vielmehr der Leistung des Rückens zu verdanken.

6. Tag
Der Intimbereich

Ich möchte noch einmal an den Vergleich des Beckens mit einer Schaukel erinnern (Seite 24). Das gesamte Becken ist die Schaukel, die Bauchmuskeln sind die antreibende Kraft. Damit eine Schaukel wirklich locker schwingt, darf sie nicht am Boden schleifen, weil sie dadurch gebremst würde. Doch bei der menschlichen Beckenschaukel hindert der Beckenboden ganz erheblich den freien Schwung. Jede Bauchtanzlernende spürt dies irgendwann einmal: Sie macht die Kippe und andere Becken- und Hüftfiguren im Prinzip richtig, doch irgendwie geht es noch nicht »von selbst«. Schuld daran sind die Beckenbodenmuskeln, die, so schwach sie auch sein mögen, ständig festhalten und dadurch die Beckenschaukel abbremsen. In modernen Gymnastikprogrammen ist diese Region tabu; nur diejenigen, die nach einer Operation den Urin nicht mehr halten können oder gerade entbunden haben, werden in diesem Bereich krankengymnastisch gefördert. Unsere weiblichen Intimbereiche betrachtet man also nur genauer bei Krankheit oder dann, wenn sie die schmerzhafte Funktion als »Gebärwerkzeug« zu erfüllen haben.

Die Beckenbodenregion ist für viele Frauen immer noch ein heikles Thema. Wir aufgeklärten Frauen von heute, so möchte man glauben, wissen alles über unseren »Unterleib«: Hypophyse, follikel-stimulierendes Hormon, Knaus-Ogino, Zwei-Phasen-Pille, Östrogen und Gestagen, Myom, Uterus usw. Aber über ganz simple Dinge, welche unsere

Lebensfreude täglich betreffen, haben wir nur dunkle Vorstellungen: So meinen viele beispielsweise, eine erweiterte Scheide sei nach mehreren Geburten unabänderlich. Junge Mädchen, die mit dreizehn schon von einer »verständnisvollen« Mutter, die aus eigenem Interesse nicht so schnell Großmutter werden möchte, ohne weiteres die Pille erhalten haben, würden sich eher die Zunge abbeißen, als über die Gründe zu sprechen, warum der Geschlechtsverkehr nicht die wahre Freude ist. Obwohl der Körper noch sehr jung ist, kann er dennoch zu schwach und unelastisch sein, um den Mann »festzuhalten« und selber Lust zu verspüren. So schluckt die junge Frau jahrelang umsonst die Pille, bis sie sich irgendwann einmal näher und liebevoller mit ihrem Körper auseinandersetzt.

Die Araberinnen gehen damit viel offener um. Kein noch so blutjunges Mädchen geht als »unwissendes Lamm« in die Ehe. Die älteren Frauen fühlen, worauf es ankommt, und geben freimütig Ratschläge für ein langes, glückliches Eheleben. Kein Mädchen wird daher von Gewissensbissen geplagt, wenn es mit den Beckenbodenmuskeln turnt. Die meisten Europäerinnen kommen aber erst gar nicht auf diese Idee, obwohl dadurch eine schlafende Körperzone geweckt wird. Wir werden jetzt üben, die Beckenbodenmuskulatur bewußt anzuspannen oder lockerzulassen.

Übung 16:
Schließmuskel-
training I

Versuchen Sie in den nächsten zwei Wochen ab und zu beim Wasserlassen, wenn der Druck der gefüllten Blase gerade sehr stark ist, den Urin zurückzuhalten. Dies ist natürlich keine Dauerempfehlung, denn der Urin soll normalerweise sofort abfließen. Ein anderes Mal hingegen, wenn der Blasendruck wieder sehr heftig ist, versuchen Sie kraftvoll, den natürlichen Druck beim Wasserlassen noch mehr zu steigern – ein sehr befreiendes Gefühl. Bald kann man unabhängig von der Blasenfunktion die Beckenbodenmuskeln öffnen und zusammenziehen.

Versuchen Sie nun, die Schließmuskeln rund um den Anus zu isolieren. Die Schwäche dieser Muskelpartie ist auch eine häufige Ursache für Stuhlgangbeschwerden.

Übung 17: Schließmuskeltraining II

Machen Sie denselben Versuch wie beim Wasserlassen auch bei der Stuhlentleerung: zuerst zurückhalten, dann mit der ganzen Energie Druck ausüben.

In derselben Stellung wie beim Beckenkreis auf allen vieren (Übung 8) das Becken kreisen, wobei der »Motor« dieses Mal von ganz unten kommt, nämlich vom Beckenboden. Bei dieser ungewohnten Bewegung ist es zunächst schwierig, nicht die Pomuskeln anzuspannen.

Übung 18: Beckenbodenkreis

Ab jetzt sollten Sie in die Beckenkreise immer auch die Bodenmuskeln neben der unteren Bauchmuskulatur miteinbeziehen.

Beim Bauchtanz halten sich viele Frauen zurück, die Schließmuskeln zu gebrauchen, weil sie fürchten, den Bewegungen damit einen zu intimen Charakter zu geben. In Wirklichkeit erhalten die Figuren dadurch aber einen wunderbar ausgereiften Schwung.

Sie stehen breitbeinig da und gehen langsam in die Knie. Sie müssen keinesfalls bis ganz hinunter kommen. Dabei können Sie Ihre Kniegelenke leicht überlasten, falls sie wenig trainiert sind. Stellen Sie sich vor, Sie lassen sich mit großen Pobacken auf ein breites Kissen behäbig nieder. Der Beckenboden soll nämlich gedehnt werden.

Übung 19: Beckenboden-Dehnung

Sie führen im Prinzip die Rückenschlange rückwärts aus (Übung 11, Variation), jetzt aber in der erweiterten Form mit Beckenbodenmuskeln und breiterer Grätsche. Sie bleiben außerdem mit den Füßen am Platz. Wenn die Bewegungswelle kommt, stemmen Sie ein wenig dagegen, so daß der Schwung von allein wieder zurückfließt.

Übung 20: Erweiterte Rückenschlange

Bei allen Figuren des Unterkörpers, bei denen Sie schon gewohnt sind, die Bauchmuskeln unterhalb des Nabels entsprechend einzusetzen, tun Sie dies nun gleichzeitig im Beckenbodenbereich. Bei Übungen wie der Rückenschlange spüren Sie besonders deutlich, um wieviel fließender die Welle geworden ist.

Die Magie einer Bauchtänzerin auf manche Männer rührt auch daher, daß diese sich einiges an Raffinesse in der Liebe erträumen. Nicht ganz zu Unrecht! Wer aufgrund dieses Aspektes dem Bauchtanz skeptisch gegenübersteht, sollte über folgendes nachdenken: Die Kairoer Bauchtänzerinnen »vom alten Schlag« verachten zutiefst den Spagat, ohne den eine Balletttänzerin in Europa sich gar nicht erst blicken lassen kann. Den Anblick völlig gespreizter Beine, vor allem auf dem Boden in hilfloser Lage, halten viele Orientalinnen für eine Frau als äußerst erniedrigend. Auch ein hochgestrecktes Bein im Stehen stößt auf Abscheu.

Nach etwa einem halben Jahr Beckenbodentraining werden Sie sich deutlich wohler fühlen. Dieses Training kann auch gegen und bei Menstruationsbeschwerden helfen und sorgt dafür, daß sich die bei einer Geburt geweiteten Geschlechtsorgane schnell wieder zurückbilden.

7. Tag
Isolation

> »Aus jedem Gliede strahlt ein Mond an Schönheit reich.«
> *310. Nacht der 1001 Nächte*

Widmen wir uns also tagsüber weiter diesem Ziel, damit nach 310 Nächten ein Dichter vielleicht auch über uns ein solches Loblied anstimmt.

Schon oft geisterte der Begriff »Isolation« herum. Er bedeutet, daß ein Körperteil unabhängig von allen anderen bewegt werden kann. Das ist wichtig, weil nur so die volle Beweglichkeit garantiert ist. Bewegen sich nämlich andere Körperteile ständig mit, übernehmen diese einen Teil der Funktion, die ihnen eigentlich nicht zusteht. Trotz ständiger Anstrengung »rosten« alle auf diese Weise bis zu einem gewissen Grad ein.

Betrachten wir ein Beispiel: Besonders Hausfrauen und Sekretärinnen klagen häufig über Schulterschmerzen und Rückenverspannungen. In beiden Berufen arbeiten diese Frauen sehr viel mit den Händen. Die allerdings sind seltsamerweise meistens gar nicht sehr beweglich, sondern werden vielmehr von Schultern und Armen »entlastet«, welche eigentlich für andere Aufgaben vorgesehen sind. So spannt sich unnötigerweise die Muskulatur im Oberarm an, wenn man einen leichten Gegenstand aufhebt.

Dieses diffuse leichte Anspannen (aber nicht mehr Lokkerlassen) in größeren Körperbereichen trainiert nicht einmal die Muskulatur, die ja nicht sehr stark beansprucht, aber ständig verspannt wird. Eigentlich sind unsere Körperteile selbständig genug und benötigen keine ständige Unterstützung von anderen. Im Idealfall sitzen Sie also an Ihrem

Isolation

---

körpergerechten Schreibtischplatz (Stuhl mit Rückenstütze im Beckenbereich, Schreibmaschinenhöhe so, daß die Arme bei der Arbeit rechtwinkelig gebeugt sind) und tippen nur mit Ihren gelenkigen Händen. Schultern, Ober- und Unterarm sind locker, da sie nicht gebraucht werden. Sie werden allenfalls passiv durch die Hände mitgezogen. Für diese Tätigkeit braucht man also nicht die Kraft des gesamten Oberkörpers zu mobilisieren!

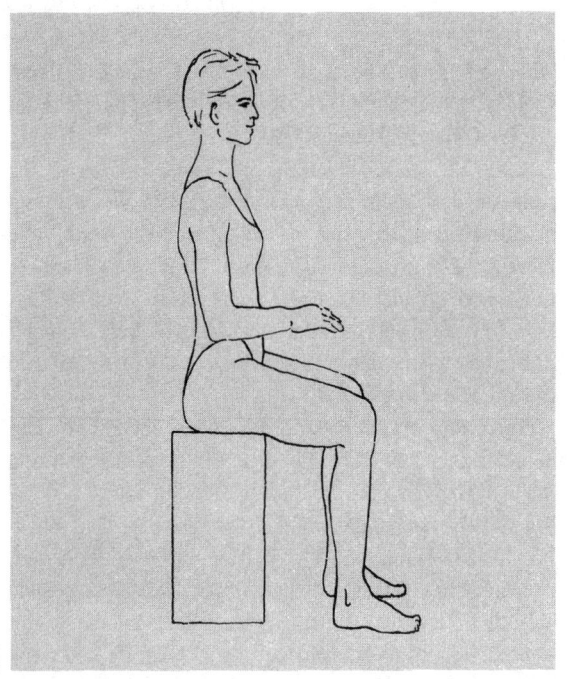

9

Holen Sie jetzt z. B. ein Blatt Papier vom Nebentisch, führt die Hand den Unterarm mit, um dessen größere Reichweite zu nutzen. Der Oberarm ist immer noch ausgeruht und locker. Erst wenn Ihr Blatt an einem weiter entfernten Ort liegt, streckt sich unter Leitung der Hand der Unterarm, wobei der noch weitere Bogen des gesamten Arms sinnvoll eingesetzt wird. Der Kreismittelpunkt sitzt hierbei in der Schulter, die nun auch Gelegenheit bekommt, ihre Gelenkigkeit zu zeigen.

Da Sie natürlich nicht den ganzen Tag solche Überlegungen anstellen können, wird es Zeit, daß Ihnen diese natürlichen, sinnvollen Bewegungen in Fleisch und Blut übergehen.

Schultern, Arme, Hände

Schwingen Sie Ihre Arme auf und ab, mal seitlich, mal vorwärts und rückwärts, mal den linken Arm nach hinten und gleichzeitig den rechten nach vorne und umgekehrt.

So als ob in einer Aufwärtsbewegung plötzlich »der Strom abgedreht« wird, nämlich die Bewegungskraft, fallen die Arme herunter und schwingen aus. Anfangs werden Sie noch »nachschieben«, also doch Kraft in die Abwärtsbewegung bringen, obwohl die Arme aufgrund der Schwerkraft von alleine schwingen. Aber bereits nach einigen Malen wird es Ihnen ohne Kraft gelingen, und ein angenehmes Wärmegefühl stellt sich ein. Ergänzen Sie die Übung mit dem Schütteln der Hände, welches Sie ebenfalls plötzlich stoppen, wieder beginnen, stoppen und wieder beginnen. Das Ganze wiederholen Sie so oft, bis die Hände warm durchströmt sind.

Der Wechsel zwischen willkürlicher Bewegung und Nichtstun bekommt Ihnen sehr gut. Der Effekt dieser simplen Arm- und Handgymnastik geht schließlich so weit, daß Sie den Wechsel von Arbeit und Ruhe des Körpers bis in psychische Bereiche hinein immer klarer wahrnehmen. Aus dem undeutlichen ständigen Angespanntsein, das man selbst in der Freizeit nie ganz verliert, kristallisieren sich schließlich »genußvolle Ruhe« und »kreative Aktivität« heraus. Lassen Sie sich dazu auch noch von den Partnerschaftsübungen (16. Tag) überraschen.

Isolation

**Übung 22:
Unterarmbögen**

Legen Sie sich wie bisher auf den Boden (vgl. Abb. 1a). Schaukeln Sie kurz, wie in Übung 6 beschrieben, das fördert die Durchblutung am Rücken. Dann plazieren Sie die Oberarme wie in Abb. 10a, so daß sie eine Linie im rechten Winkel zum Körper bilden, die Unterarme halten Sie rechtwinkelig zu den Oberarmen und somit parallel zum Körper.

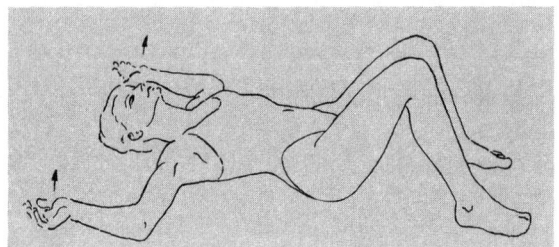

10a

Isolieren Sie jetzt die Bewegungen der Unterarme und Hände folgendermaßen: Beschreiben Sie mit dem Unterarm einen Bogen nach unten, wobei die Hände abgewinkelt (den Winkel nicht übertreiben) sind. Erst wenn die Unterarme ganz aufliegen, bewegen sich die Hände auf den Boden zu, nicht früher (Abb. 10b). Der Weg zurück verläuft umgekehrt: Also zum Bogen zurück mit dem Unterarm ansetzen und die Hand nach unten abwinkeln. Die Figur erinnert insgesamt an eine Geste des Hochziehens und Abwärtsstreichens oder an das Aufrichten und Niederlegen einer Schlange. Das sieht sehr eindrucksvoll aus, obwohl nur zwei Glieder aktiv daran beteiligt sind (Abb. 10c).

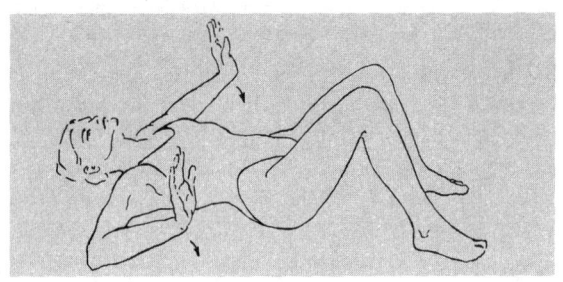

10b

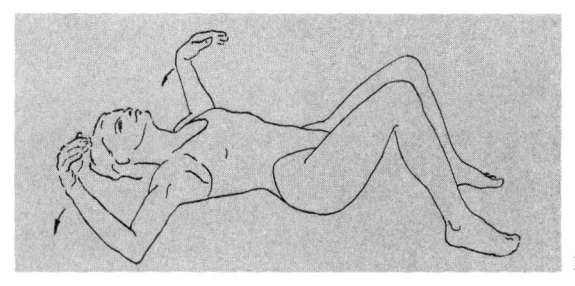

Der enorme Nutzen dieses Armtrainings kommt schließlich den Schultern zugute: Sie werden passiv gestreckt, gedehnt und aufgerichtet. Das spüren Sie sofort. Auch das Ellenbogengelenk erwacht aus seinem Dornröschenschlaf. Denn wann haben Sie sich zum letzten Mal wirklich nur aus dem Unterarm bewegt? Durch die ideale Rückenlage ist der obere Wirbelsäulenbereich stets gerade und kann nicht zusammensinken.

Übung 23: Variation 1 zu Übung 22

Richtig Spaß machen die Unterarmbögen bei wechselseitiger Ausführung, d.h. der eine Unterarm fließt nach oben, der andere zur selben Zeit nach unten (Abb. 10d).

Die eine Seite ruht vorläufig, und Sie konzentrieren sich lange Zeit auf die andere. Nur wenn die Bewegung von jeder Seite einzeln wirklich sicher ausgeführt wird, wechselt man ab: Zuerst führt man die rechte Seite im Bogen nach unten, dann im Bogen nach oben, anschließend die linke Seite im Bogen nach unten, dann im Bogen nach oben usw. Der

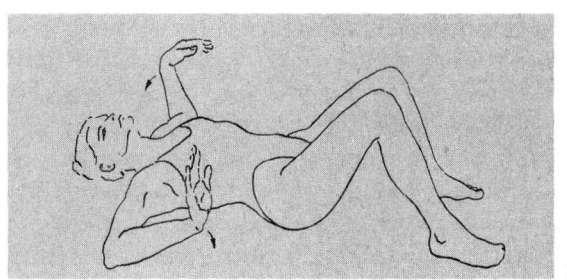

Wechsel wird immer flüssiger. Sie müssen also Ihr Gehirn nicht unnötigerweise strapazieren und auf die Koordination lenken, weil diese »von selbst« eintritt.

Eine höchst willkommene Nebenwirkung dieser Übung ist ihr Einsatz als Schlafmittel. Viele Teilnehmerinnen an meinen Kursen haben berichtet, sie seien plötzlich »völlig weg« gewesen, nachdem sie diese Übung abends im Bett ausgeführt haben. Allerdings ist dazu eine harte Matratze notwendig.

Übung 24: Variation 2 zu Übung 22

Sie ist eigentlich ein Training für fortgeschrittene Tänzerinnen, deren Schultergelenke schon geschmeidiger sind. Sie sollten diese Übung jedoch nur dann ausführen, wenn Ihre Arme bei der Dehnung nicht mehr schmerzen. Wir können wieder ein Gummiband zum Vergleich heranziehen: Zieht man es zu schnell auseinander, reißt es, dehnt man es langsam und behutsam, wird es immer länger.

Ändern Sie den Winkel der Oberarme wie auf Abbildung 10 e. Die Ellenbogen rutschen weiter nach oben.

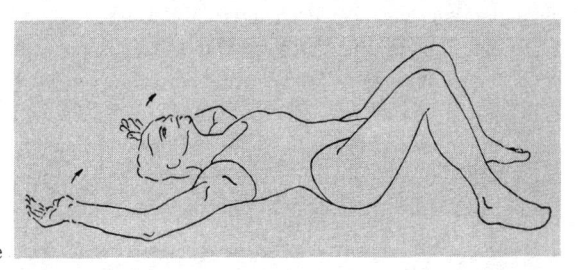

10e

Der Unterarmbogen darf mal größer, mal kleiner sein – manche Tänzerinnen führen unendliche Variationen von spiralförmigen Figuren aus –, Hauptsache, die Oberarme bleiben in derselben Stellung. Damit diese nicht verrutschen, denken Sie öfter daran, daß die Ellenbogen nicht lasch werden, sondern sich wie die Spitze eines Zirkels in den Boden bohren.

Sie bereiten die Arme allmählich auf die Fähigkeit vor, wie ein Korkenzieher Spiralen um eine Achse zu drehen. Wozu ist das von Nutzen? Vom Schulter- bis zum äußersten Fingergelenk besitzen wir immerhin sechs Glieder. Es ist eine Täuschung, wenn man meint, deren volle Funktion brauche man nicht im täglichen Leben. Die Aktivierung dieser Gelenkigkeit verhilft zum ökonomischen Einsatz aller Glieder. Sie werden schon nach einigen Tagen Übung spüren, wie gleichsam eine Last von den Schultern genommen wird. Durch die gestreckte Ruhestellung der Oberarme kommt ein Gefühl auf, als ob uns unter die Arme gegriffen würde.

Wir liegen wieder am Boden (wie in Abb. 1a). Die Arme liegen entspannt neben dem Körper. Schwingen Sie mit dem gestreckten Arm nach oben, die Hände sind dabei nach unten abgewinkelt. Bei der Abwärtsbewegung ändert sich der Winkel der Hände. Das gleicht wieder einem Hochziehen und Abwärtsstreichen, diesmal mit dem gesamten Arm, wobei der Beweglichkeit des Unterarms nichts abverlangt wird. Üben Sie gleich die wechselseitigen Armbögen nach dem Schema der Übung 23 (Abb. 11).

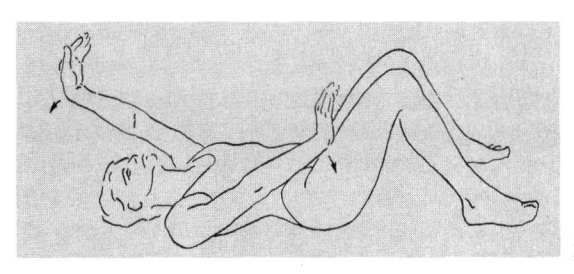

Übung 25: Armbögen

11

Die Anforderungen an die Gelenkigkeit sind hier nicht sehr hoch, obwohl auch der Schultergürtel von dieser Bewegung profitiert. Auf den ersten Blick hält man es nicht für besonders schwierig, einen großen Bogen in dieser Art zu beschreiben. Aber oft wird der Arm die Bahn verlassen oder in der Bewegung stocken und zittrig werden. Es dauert eine Weile, bis die gesamte Bewegung fließend wird.

Wie verkümmert ist doch die Ausdrucksfähigkeit unserer Arme, wenn wir nur noch zu roboterhaften, funktionellen, abgehackten Gesten in der Lage sind! Wie sehr lebendige Arme ein Ausdruck von Schönheit sind, nehmen wir unbewußt fast ständig wahr: Ein Mensch mit an den Körper angewinkelten Armen, zu denen mit Sicherheit auch eingefallene Schultern gehören, macht auf uns einen eher ängstlichen Eindruck; schlaff herunterhängende Arme erwecken einen müden Eindruck. Auch beim Tanzen beobachte ich häufig, daß die weitverbreitete Abwehrhaltung der Arme nicht aufgegeben wird, sondern sich im Tanz sogar mit einer gewissen Form von Aggressivität mischt. Es gibt kaum jemanden, der die Arme weit über dem Kopf ausbreitet.

Übung 26:
Handerweichen

Um die Starre in Ihren Händen abzubauen, setzen Sie sich an einen Tisch, stützen einen Ellbogen auf und halten mit der anderen Hand den Unterarm fest. Dann »gestikulieren« Sie mit der abgestützten Hand nur aus dem Handgelenk heraus – aber bitte mit Gefühl! Die Finger sind weich und werden ebenfalls miteinbezogen. Kreisen Sie im Uhrzeigersinn so, als ob Sie etwas Feines aufnehmen und wieder sanft fallen lassen. Drehen Sie gegen den Uhrzeigersinn, knackst es

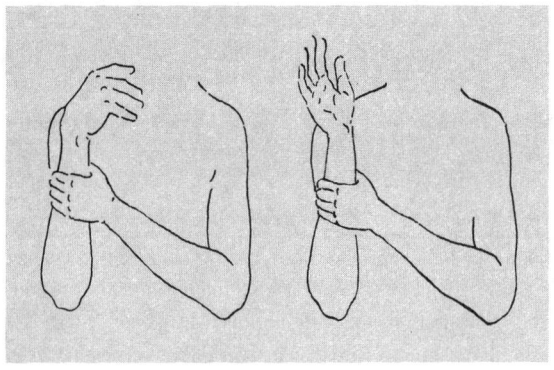

12 a + b

vermutlich zunächst im Handgelenk – die Anforderung wird langsam stärker. Der »Knick« in der Drehung (Abb. 12b) ist die Ruhestellung, welche die Hand locker nach hinten fallen läßt.

Übung 27: Handwellen

Legen Sie die Hände auf einen weichen Stoff mit schöner Struktur (Samt, Goldbrokat, Seide). Ohne die Hände von ihrem Platz zu verschieben, »testen« Sie die Qualität des Stoffes mit den Handflächen, indem Sie mit Gespür die Hände wellenartig zusammen- und auseinanderrollen.

Übrigens: Bei allen Handbewegungen und Handstellungen dürfen Sie nicht den Daumen abspreizen – so, als gehöre er nicht zur restlichen Hand.

Übung 28: Fingerkuppenknicken

Um Ihr Gefühl in den Fingerspitzen noch mehr zu kultivieren, halten Sie vom Zeigefinger der einen Hand das zweite Fingerglied mit der anderen fest, so daß Sie mühelos das dritte Fingerglied – die Fingerkuppe – beugen können (Abb. 13). Probieren Sie das bei allen Fingern aus, mit Ausnahme des Daumens, der ja nur zwei Glieder besitzt.

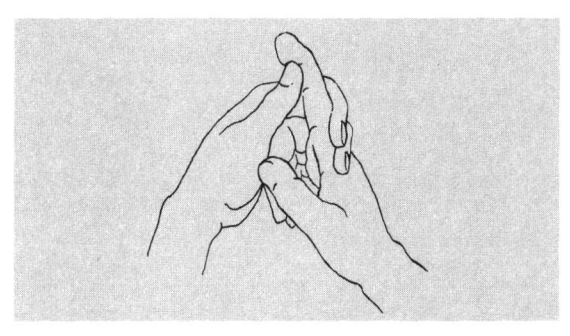

13

Selbst wenn es Ihnen kaum gelingen wird, das dritte Fingerglied jemals ohne Hilfe isoliert zu beugen, zeigt sich in den Bewegungen schon sehr bald eine Harmonie mit den anderen Fingergliedern. Bei vielen Frauen sind die Fingerkuppen fast völlig unbeweglich.

Diese diffizilen Gelenkigkeitsübungen sind außerdem ein wichtiges Training für Rheumakranke. Leider setzt sich diese Krankheit schon in jungen Jahren zuerst in den Finger- und Handgelenken fest. Die beste vorbeugende Therapie ist daher immer noch, die Gelenke nicht einrosten zu lassen.

Bedenken Sie heute noch eine Sache: Das Erlernen langsamer, fließender Bewegungen dauert meinen Kursteilnehmerinnen deshalb oft zu lange, weil sie unbewußt meinen, nur alle schnellen Bewegungen fordern den Körper. Später machen sie dann die Erfahrung, daß Kreise und Achten sehr anstrengend sind. Am schönsten ist für alle aber das Erlebnis der Vielfältigkeit unserer Ausdrucksmöglichkeiten. Runde, weiche Bahnen vollzieht der Körper, wenn er innerste Gefühle ausdrückt. Das »Fließende«, auf das ich immer wieder hinweise, ist vielleicht die Urform menschlicher Bewegung: Als wir noch Lebewesen im Wasser waren, bildete das Meer einen gleichmäßig sanften Widerstand gegen abrupte Körperbewegungen. Probieren Sie einmal die folgende Übung, meine Lieblingsgymnastik, aus, wenn Sie die Gelegenheit haben, in sauberem salzhaltigen Meerwasser zu baden.

Legen Sie sich mit dem Rücken auf das Wasser – das Salzwasser trägt Sie wunderbar. Die *Armbogen* führen wir jetzt vom Körper seitlich aus, die Arme verlassen also das Wasser nicht (Abb. 14a, b, c).

Übung 29: Morgengymnastik für Seejungfrauen

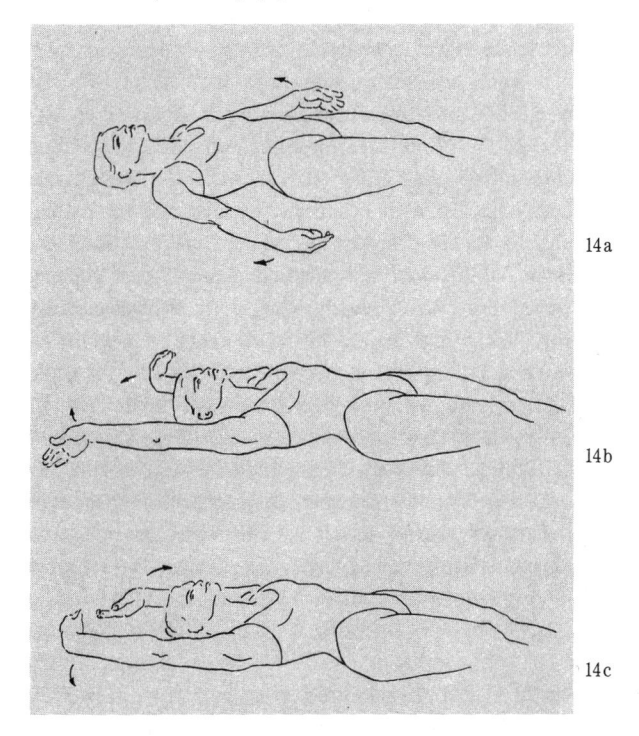

14a

14b

14c

Diese Übung ist eine Wohltat für den Rücken. Auch Handfiguren gelingen im Wasser bestens. Lassen Sie sich ruhig zu eigenen Bewegungen inspirieren. Im Wasser kann man kaum etwas »falsch« machen.

Weitere Schönheitstips für Schultern, Arme und Hände

Am besten für die Schultern wäre es, keine schweren Lasten, womöglich noch einseitig, zu tragen. Nichts transportiert Ballast eleganter als der Kopf. Jeder Ägypten-Tourist besitzt Fotos von anmutigen Landfrauen mit schweren Körben auf dem Kopf, weil diese Angewohnheit ungläubiges Staunen hervorruft. Dabei ist es die natürliche Art zu tragen überhaupt! Die Wirbelsäule wird optimal entlastet, die natürliche Balancefähigkeit des Menschen bleibt erhalten. Denn nur in einer orthopädisch einwandfreien Haltung gelingt dieser Akt. Frauen aus meinen Kursen lernen diese Fertigkeit überraschend schnell. Schon zu Beginn probieren sie, alle Tanzfiguren mit einem (rutschfesten) schweren Buch auszuführen. Und einige Frauen haben ihre Liebe zu Folklorestücken entdeckt, bei denen die Tänzerin unglaublich große und schwere Tonkrüge auf dem Kopf trägt.

Falls Sie schwere oder sperrige Gegenstände transportieren müssen, sollten Sie sich auf alle Fälle einen rollenden, zusammenklappbaren Lastenträger kaufen. Das ist eine preiswerte Investition, die sich in jedem Fall lohnt. Ich gehe nie ohne diesen Gepäckträger einkaufen. Auch ältere Damen sieht man häufig damit, weil sie am ehesten spüren, was für eine Tortur schwere Taschen bedeuten.

Durch die neue Beschäftigung mit den Armen werden diese bald straff und hübsch aussehen. Über dicke, schlaffe Oberarme wird jedenfalls niemand mehr klagen.

Pflegen Sie ab und zu die Haut am Ellenbogen, was zu selten geschieht. Erst wenn dort die Haut rauh und schrumpelig wird, bemerkt man sie mit Entsetzen. Meine ägyptischen Freundinnen benutzen Zitronensaft und Cremes mit Walnußschalen-Extrakten, um diese zarten Partien gegen Sonne zu schützen. Ich meine aber, etwas Sonnencreme mit hohem Lichtschutzfaktor filtert das Licht besser.

Angst vor der Sonne, welche die Zartheit der Handinnenflächen, wo viele Gefühlsnervenenden sitzen, verderben könnte, ist nach Meinung einiger Araberinnen auch einer der Gründe, daß der Brauch des Färbens mit Henna entstand. Es wurde schon in ganz alter Zeit ein Ritus daraus. Braut und Bräutigam färben sich bis heute kurz vor der Hochzeit Hände und Füße mit Henna. Ob für die Haare oder die Haut – Henna bildet einen wirksamen und dekorativen Schutz gegen schädigende Einflüsse von außen. In manchen Gegenden (zum Beispiel im Jemen, aber auch in Bangla Desh) malen damit die Frauen auf den Handrücken unterschiedliche Muster von höchster künstlerischer Vollendung.

8. Tag
Die Füße

»Vorn aufgerichtet, hintenhin vertieft
Vom Eindruck, den der Hüften Schwere macht,
So sieht man hier am Eingang in die Laube
Die frischen Tritte noch im gelben Sand.«
*(Aus dem altindischen Liebesdrama Çakuntalâ,
III. Akt, übersetzt von Ernst Meier)*

Niemand leugnet, wie wichtig die Füße für unsere Gesundheit sind. Kalte Füße bescheren uns im Nu eine Erkältung, geschwollene können auf Krankheit hindeuten, mangelnd durchblutete Füße sind ein ernstzunehmendes Zeichen von Kreislaufschwäche.

Inwieweit aber sind die Füße für unsere Schönheit verantwortlich?

Instinktiv kaufen wir Frauen, wenn unser Modebudget knapp ist, eher das Paar neuer Schuhe zum Kleid der vorletzten Saison, bevor wir ein neues Kostüm mit abgetragenen Pumps anziehen. Und jede Frau wird wohl die Notwendigkeit begreifen, den Füßen eine grundlegende Pflege zukommen zu lassen. Die Fußpflegerin entfernt eifrig Hornhaut, Nagelhäutchen und Lackreste von den Nägeln, bevor sie die neuesten Lackfarben passend zur Sandalette aufträgt. Mit Recht macht die Kosmetikerin auf regelmäßiges Eincremen der Füße aufmerksam.

Insgesamt ist aber das äußerst unterschiedliche Verhältnis der Menschen zu ihren Füßen sehr bemerkenswert. Mal werden diese ignoriert, mal übermäßig kultiviert – letzteres gewiß deshalb, weil Füße im höchsten Maß erotische Signale setzen. In China, sei es als Symbol der Unterdrückung oder als Zeichen der Vornehmheit, wurden den Mädchen während des Wachstums schmerzhaft die Füße eingebunden. Die Orientalen sind mit ihrer warmen Erde barfüßig fester verwurzelt als die Menschen im kalten Europa. Im Westen konnte sich der im Grunde absurde Spitzentanz des Balletts entwickeln, der den menschlichen Fuß am Körper schlichtweg unsichtbar zu machen trachtet. Der in Teilen verleugnete Körper soll dadurch immer schwereloser wirken. Berichte in Illustrierten über eine europäische Ballettkarriere lesen sich häufig wie ein Schauermärchen: Immer wieder ist die Rede von einem entbehrungsreichen, qualvollen, von blutig zerschundenen Füßen gekennzeichneten Weg, an dessen Ende dann schließlich ein körperliches Wrack von dreißig Jahren notwendigerweise steht. Die bekannte Primaballerina Maja Plissetskaja hat dagegen daran erinnert, daß in ihrer Jugend noch nicht so extrem auf den Spitzen getanzt wurde. Und Isadora Duncan (1878–1927), die als Tänzerin wie als Frau eigenwillig und mutig war, machte vor allem mit ihrem Barfußtanz Furore, der dem damals herrschenden Stil gänzlich widersprach. Auch bei den Tänzerinnen im heutigen Ägypten zeigen sich deutliche Auflösungserscheinungen, was die traditionelle Fußstellung beim klassisch-ägyptischen Bauchtanz angeht. Dabei ist die Beherrschung der Füße die Basis dieses Tanzes. Wenn man an die Grundfeste eines Hauses denkt, ist das eine äußerst plausible Forderung, die die hervorragendsten Tänzerinnen zu jeder Zeit beherzigt haben. Ich finde jedenfalls, ein erotischer Reiz wie der Fuß darf auf keinen Fall verkümmern. Unsere Schritte sollen auch im täglichen Leben katzenhaft und geschmeidig sein.

Schauen wir uns doch einmal den »idealen Naturmenschen« an, der auf unregelmäßigem Boden barfuß geht: Er setzt zunächst mit der Ferse auf und rollte leicht über die Außenkante des Fußes und die Zehenballen ab, bevor er den Fuß anhebt, um wieder mit der Ferse zuerst die Erde zu berühren. So tastet er praktisch den Boden nach Unregelmäßigkeiten ab. Der Druck des Körpergewichtes auf die Fußsohle ist unterschiedlich und flexibel, immer jedoch belastet die Schwerkraft vor allem die Ferse – den am wenigsten empfindlichen Teil des Fußes. Machen Sie die Probe aufs Exempel: Schleichen Sie nachts durch unbekannte Räume. Nicht auf den Zehen wandeln Sie leise und gefahrlos, sondern im fersenbetonten Schritt. Selbst auf einen Dorn zu treten, wäre in diesem Falle weniger schmerzvoll, da Sie in der Lage sind, die Gewichtsbelastung innerhalb des Fußes sofort zurückzunehmen bzw. zu verlagern. Ein nicht an diese Gehweise gewöhnter Fuß würde mit vollem Gewicht auftreten und könnte keinem Gegenstand ausweichen.

Bei aller Theorie – nur durch häufiges Barfußlaufen auf unregelmäßigem Grund erwerben Sie diese Fähigkeit, die neben vielen Vorteilen deshalb so wichtig ist, weil Blockaden in Beinen und Hüften verhindert werden. Unser »Naturmensch« beherrscht nämlich eine weitere Selbstverständlichkeit in diesem Bewegungszusammenhang, die Sie sich kurz veranschaulichen sollten:

Bevor die Ferse auftritt, fällt die Hüfte entspannt herab, und das Knie beugt sich; setzt der Fuß seinen Abrollvorgang fort, wobei die Ferse wieder nach oben geht, hebt sich auch in demselben Maße die Hüfte an.

Der Ziehharmonika-Effekt

Die folgende Zeichnung verdeutlicht die perfekte Hüftschwung-Figur des Bauchtanzes ebenso wie den idealen Normalschritt. Der Anschaulichkeit halber ist hier nur die linke Seite gezeigt. Wir gehen »auf der Stelle« (Abb. 15a+b). Bauchtänzerinnen betonen diese natürliche Abfolge besonders schwungvoll, um die Hüftbewegung zu unterstreichen. Beim Alltagsschritt wogt das Becken weich und unauffällig. In diesem Falle ist das kein spezifisch weiblich-erotischer Reiz, sondern die menschliche Gangart schlechthin.

Das schlangenhafte Vorwärts-, Rückwärts-, Seitwärtsgleiten in Verbindung mit raffinierten Hüftfiguren ermöglichen es einer Bauchtänzerin spielend, diesen der Natur abgeschauten Schritt zu beherrschen.

Wenn Sie sich nun also eifrig bemühen, mit Ihren Füßen

Fußübungen

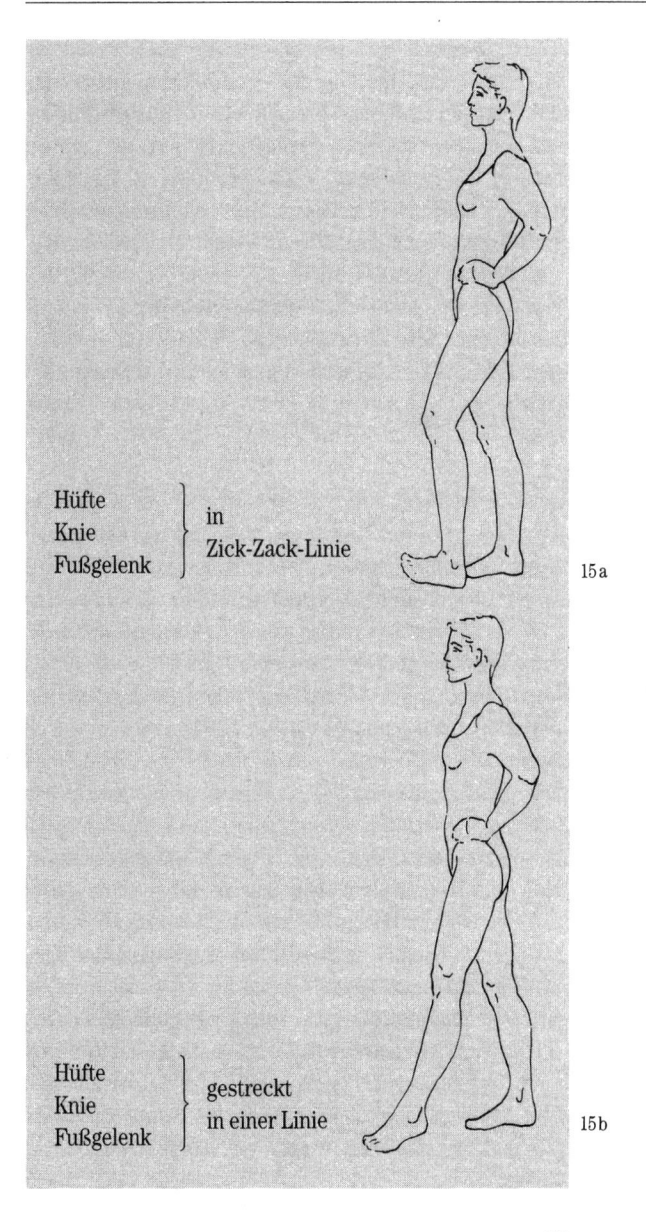

Hüfte
Knie
Fußgelenk } in Zick-Zack-Linie

15a

Hüfte
Knie
Fußgelenk } gestreckt in einer Linie

15b

»richtig umzugehen«, ohne gleichzeitig aber die Hüften miteinzubeziehen, bekämen Sie eine starke Dauerbelastung in den Waden zu spüren. Freilich wäre dies erst recht der Fall, wenn Sie Ihre Füße gar nicht aktivierten. Kaum ein Training schützt vor solchen Nachteilen wie das Bauchtanzen. Daß Mediziner bestimmte Hochleistungssportler vor Krampfadern warnen, spricht ja für sich.

Nicht jeder Tanz ohne Schuhe, so viel dürfte jetzt deutlich geworden sein, ist automatisch »natürlich«. Eine traurige Disharmonie zwischen Füßen und Hüften verdirbt häufig das Gesamtbild. Zu hohe Absatzschuhe zum Bauchtanzkostüm wirken ebenso fürchterlich wie verkrampfte nackte Füße.

Geschmeidigkeit Viele können kaum ihre Fußgelenke bewegen, ganz zu schweigen von den Zehen und den anderen elastischen Regionen der Füße. Haben Sie einmal Gelegenheit, indische Tänzerinnen, insbesondere Kathaktänzerinnen, zu bewundern, so werden Sie immer wieder verzaubert auf deren Füße schauen. Obwohl hierbei der kraftvolle Rhythmus hauptsächlich mit den Füßen verstärkt wird, entsteht kein derbes Trampeln, sondern die künstlerisch hochentwickelten Schritte folgen natürlichen Abläufen. Die Hüften – bei dieser Tanzform zwar nicht akzentuiert – halten den Schwung von unten nicht auf, wobei sie sich verkrampfen müßten und die Energie zum Stocken brächten, sondern leiten ihn weiter durch den ganzen Körper, bis dieser schließlich ekstatisch zu vibrieren beginnt. Gehen indische Tänzerinnen nach einer klassischen Ausbildung zum Film, um dort eine Bauchtänzerin zu spielen, so wandeln sie die gelernten Figuren mühelos in solche mit Hüftbetonung ab. Ein wirklich geschmeidiger Fuß besticht in seiner Bewegung, mag er auch im klassischen Sinne nicht schön und schmal sein. Ein ungekünstelter weicher Gang strahlt Anmut und Sicherheit aus, was wiederum Ihr Selbstgefühl stärken wird.

Barfußgehen

Die Liste der Gründe, nicht barfuß gehen zu können, ist gerade für den Stadtbewohner ellenlang. Viele geben ihre Füße daher schon im vornehinein verloren und scheinen ihre Spreiz-, Knick- oder Senkfüße klaglos zu akzeptieren. Dabei gibt es viele Möglichkeiten, etwas für unsere Füße und damit für unsere gesamte Gesundheit zu tun. So zum Beispiel das »Kiestreten«, das Heilpraktiker gegen Rückenschmerzen erfolgreich empfohlen haben: In einer Schüssel voller Kies tritt man jeden Morgen fünf Minuten unter der Dusche auf der Stelle. Wie neugeboren fühle ich mich im Frühsommer, wenn ich zum ersten Mal nach dem Winter ohne Schuhe an einem Kiesufer eines Sees, auf einer stoppeligen Wiese oder einem unebenen Weg spazierengehe. Diese natürliche Fußreflexzonenmassage läßt mich hinterher jedesmal göttlich schlafen.

Sind Ihre Füße durch jahrelange Gefangenschaft in Schuhen überempfindlich geworden, brauchen Sie nicht zu verzweifeln. Betreten Sie anfangs weicheren, aber dennoch unregelmäßigen Boden. Sie müssen nur daran denken, den Fuß stets mit der Ferse zuerst aufzusetzen. Auch wenn Sie Schuhe mit besonders hohen Absätzen tragen, gehen Sie bitte so, als seien diese das Selbstverständlichste von der Welt: Wenn der Fuß auch völlig starr in ihnen liegt und die Ferse weit weg vom Erdboden bleiben muß, so übernimmt der Absatz trotzdem die Aufgabe der Ferse und setzt als erstes sachte auf den Boden auf. Man sollte niemals auf den Vorderfüßen tänzeln!

Übung 30: Füße-abrollen-rückwärts

Genauso wie Sie gelernt haben, beim Vorwärtsgehen den Fuß geschmeidig abzurollen, gewöhnen Sie sich dies auch nach rückwärts an. Für die Tänzerin eine Selbstverständlichkeit – nämlich Figuren im Rückwärtsgehen ebenso sicher wie im Vorwärtsgehen auszuführen, für die Anfängerin ein Zuwachs an Balancefähigkeit und Sicherheit.

Sie vergewissern sich also, daß einige Meter hinter Ihnen kein Gegenstand steht, beugen locker einen Unterschenkel, setzen mit den Zehen auf und rollen bis zur Ferse ab. Erst dann kommt der nächste Schritt.

Anfangs fällt es ziemlich schwer, sichere Schritte in einer Linie zu gehen, denn die Augen als helfendes Kontrollorgan über Ihre Schritte müssen diese Funktion beim Rückwärtsgehen dem Tastsinn überlassen. Ermöglicht dieser Ihnen aber nach etwas Übung ein fließendes Rückwärtsgehen, so werden Sie hierbei ganz deutlich den Zusammenhang Fuß-Hüfte spüren, denn die Hüfte zieht deutlich nach unten und etwas nach hinten, während der Fuß von der Spitze zur Ferse rollt. Gleichzeitig haben Sie also hierin auch eine Gelenkigkeitsübung für die Hüfte, deren Beweglichkeit nach hinten dazugewinnt.

Übung 31:
Fußkantenrollen

Die Füße stehen parallel nebeneinander, die Knie sind leicht gebeugt. Knicken Sie beim linken Fuß auf die Innenkante, beim rechten auf die Außenkante, verlagern Sie den Druck in Richtung der Zehen und von dort aus jetzt beim linken Fuß auf die Außenkante, beim rechten auf die Innenkante, so daß beide Füße in einem kreisförmigen Bewegungsablauf ihren Druck verlagern. Anschließend wechseln Sie die Richtung (Abb. 16).

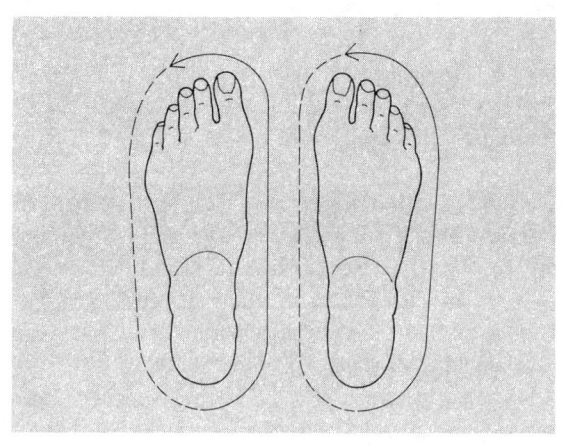

16

Die Fußbewegung entspricht einer Hüftfigur, die Sie schon geübt haben: dem Beckenkreis. Versuchen Sie also gleichzeitig mit der Fußübung den Beckenkreis auszuführen! Um völlige Sicherheit zu erreichen, sollten Sie jede geometrische Figur (z. B. die Acht) der Hüften zunächst mit den Füßen nachvollziehen.

Standfestigkeit und Bodenverbundenheit der Füße heißt aber nicht, daß Sie mit ihnen am Boden »kleben« sollen. Jede noch so kunstvolle Figur ahmt auch im Stand einen Schritt nach, mit mehr oder weniger deutlichem Auftreten des Fußes – ganz individuell von der Tänzerin ausgeprägt.

9. Tag
Die Beine

Viele Frauen sind unglücklich wegen ihrer Beine. Ihre Schönheit wird lediglich daran gemessen, wie lang sie sind, und die Länge kann man nun einmal nicht beeinflussen – es sei denn durch geschickte Kleidung, was meistens aber heißt, daß man sie zu verstecken bemüht. Schade – denn mögen die Beine auch proportional zum übrigen Körper zu kurz sein, häßlich sind sie deswegen noch lange nicht. Gewiß gibt es viele mögliche Schönheitsfehler, welche die Ästhetik der Beine stören können, doch man kann einiges ausgleichen und manches beheben.

Sie ahnen bereits, daß ich der Gelenkigkeit und dem Bewegungsausdruck auch dieser Gliedmaßen wieder einen höheren Rang einräume als ihrer tatsächlichen optischen Form, die Sie ganz nebenbei natürlich auch verbessern werden.

Es wäre also eine seltsame Disharmonie in unserem Körper, wenn wir unsere Arme weich und rund trainieren, unsere unteren Extremitäten aber stocksteif ließen. Mehr Beweglichkeit der Hüftgelenke, mit denen die Beine verbunden sind, haben Sie jetzt schon erworben. Auch die Fußgelenke erwachen langsam aus ihrem Dornröschenschlaf. Bleiben eigentlich nur noch die Kniegelenke übrig, welche die Bewegungen der Unterschenkel steuern und nachgeben, wenn das Hüftgewicht von oben »herabfällt«. Da aber die Hüften unglücklicherweise bei den meisten erstarrt sind, haben auch die Knie viel von ihren Aufgaben verloren.

Zunächst sollen Sie darauf achten – ich habe es bereits an anderer Stelle erwähnt –, daß zum Wohle von Hüft- und Kniegelenken die Knie niemals nach innen zeigen, egal ob Sie dabei gehen, stehen, sitzen oder sie gar noch mit Druck bei bestimmten Gymnastikübungen belasten. Die Knie müssen in der Normalstellung parallel sein. Gewöhnen Sie sich eine attraktive und bequeme Beinstellung im Sitzen an: Beine parallel geschlossen, Unterschenkel seitwärts gestellt. In diesem Zick-Zack-Schwung können Sie auch bequem am Boden sitzen. Es sieht einfach unattraktiv aus, wenn die Oberschenkel zwar geschlossen sind, die Unterschenkel aber auseinanderklaffen und die Füße wiederum einwärts gekehrt sind. Setzen Sie sich zum Beispiel beim Fernsehschauen auf den Boden, grätschen Sie die Beine bei leicht angewinkelten, nach außen zeigenden Knien, und legen Sie die Fußsohlen aneinander. So haben Sie während eines langweiligen Fernsehprogramms noch etwas für sich getan.

Bei den folgenden Übungen konzentrieren Sie sich nacheinander zunächst auf die Füße, dann auf die Füße in Verbindung mit den Unterschenkeln und schließlich auf die Bewegungsreihenfolge Füße in Verbindung mit Unter- und Oberschenkeln. So werden alle zum Bein gehörenden Glieder in Ihrem Bewußtsein wahrgenommen. Sämtliche Muskelpartien der Beine spannen Sie abwechselnd an und lassen sie wieder los. Obwohl es dadurch zu keinen Verhärtungen kommt, festigen Sie gerade die so selten gebrauchten hinteren Beinmuskeln.

**Übung 32:
Fußgelenke
strecken**

Legen Sie sich auf den Rücken, und stützen Sie die Arme auf (Abb. 17). Dann nehmen Sie die Beine hoch und strecken und ziehen im Wechsel die Füße an. Die Knie sind dabei ganz leicht gebeugt. Bitte nicht mit den Beinen wackeln!

17

**Übung 33:
Unterschenkel-
bogen**

Ein Bein ruht auf dem Boden, den Oberschenkel des anderen ziehen wir in Richtung Körper, und zwar nur so weit, wie es mühelos gelingt. Vergegenwärtigen Sie sich die »Unterarmbögen« (Übung 22): Ihr Unterschenkel tut genau dasselbe, und Ihr Fuß entspricht der Hand.

Sie ziehen also mit gestrecktem Fuß den Unterschenkel nach oben (Abb. 18a) und knicken dort den Fuß um, bevor Sie in einer Art Streichbewegung den Unterschenkel wieder abwärts führen (Abb. 18b).

Anschließend wechseln Sie die Seite.

Beinübungen

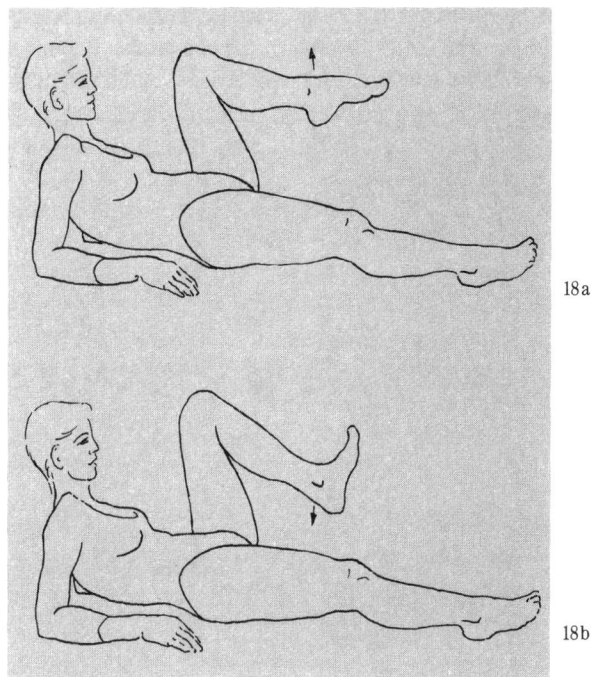

18a

18b

Variation 1 Erst der regelmäßige Wechsel beider Seiten ergibt eine harmonische Ganzheit, also: rechts auf und ab, links auf und ab, rechts auf und ab, links auf und ab usw.

Variation 2 Je näher die Oberschenkel am Körper anliegen, desto anspruchsvoller ist das Training. Daher ist zwischendurch immer wieder eine entsprechende Dehnübung hilfreich:
 Sie legen sich auf den Rücken, umfassen die Knie und ziehen sie an den Bauch.

Übung 34: Schließlich streichen Sie mit gestrecktem Knie, aber beweg‑
Beinbogen lichem Fuß die Beine abwechselnd im großen Bogen auf
und ab, während sich das jeweils andere ausruht (Abb. 19).

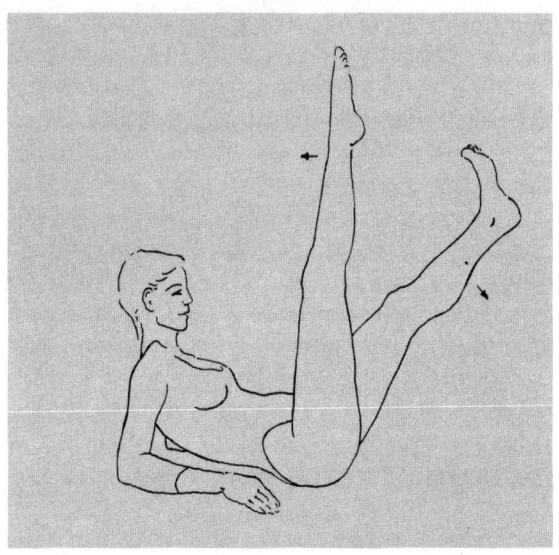

19

Übung 35: Nun können Sie auch mit dem bekannten »Radfahren«
»Radfahren« weitermachen, allerdings ganz sorgfältig und exakt in der
Ausführung:
1. Fußstellung und -wechsel genau wie in den obigen Übun‑
gen beschreiben,
2. in eben dieser Rückenlage und
3. nicht zu knapp über dem Boden.

Zum Schluß legen Sie sich ganz hin, lassen die gestreckten
Beine aber noch ein wenig oben, senken dann die Unter‑
schenkel und setzen die Füße auf den Boden auf. Welch ein
hervorragendes Venentraining Sie außerdem gerade absol‑
viert haben, werden Sie in kurzer Zeit selbst merken.

Zur Pflege der Beine

Viele klagen über schwaches Bindegewebe. Es wird oft als gottgegeben zähneknirschend in Form von Krampfadern, »Besenreißern« und lockerem Gewebe hingenommen. Und der Cellulite, der Orangenhaut, rückt man zuweilen mit rabiaten Diäten oder Massagecremes mehr oder weniger erfolgreich zu Leibe. Was für alle »Veranlagungen« gilt, betrifft aber auch die angeblich ererbte Bindegewebsschwäche: Sie kann unterdrückt oder gefördert werden. Zum einen sollten Sie ungesundes Essen wie zuviel Zucker, Schweinefleisch und Salz vermeiden, und zum anderen hilft gegen eine solche Veranlagung viel Bewegung.

Besenreißer: Meiden Sie starke Sonne. Leicht gebräunte Haut kann allerdings das Erscheinungsbild dieser netzartig geplatzten Äderchen mildern. Ansonsten Pflege wie bei

Krampfadern: Vermeiden Sie Staus in den Beinen durch Beweglichkeitstraining. Beine hochlegen, Schwimmen, leichte Streichmassage von den Füßen aufwärts mit Zypressen- und Zitronenöl, Verzicht auf Schweinefleisch können Wunder wirken. Bedenken Sie, daß an den Armen die Venen viel geringer in Erscheinung treten als an den Beinen. Verhindern Sie dort Staus, schaffen Sie ähnliche Bedingungen wie in den Armen. Sie kämen wohl nie auf die Idee, sich die Arme einzuschnüren. Den Blutrückfluß aus den Beinen stören nämlich aufs empfindlichste enges Schuhwerk, enge Slips und zu straffe Strumpfhosengummis noch weit oben in der Taille. Was sogenannte Stützstrumpfhosen angeht, bin ich zwiespältiger Meinung. Wenn Sie den ganzen Tag stehen müssen, sind diese gewiß sinnvoll. Ob sie das unschöne Leiden aber aufhalten oder mildern können, mag dahingestellt bleiben.

Cellulite: Die sogenannte Orangenhaut hat ihre Ursache hauptsächlich in überflüssigen Wasseransammlungen. Es gibt einige Ursachen dafür, daß gerade in diesem Bereich Stoffwechselschlacken unzureichend abtransportiert werden. Ich persönlich glaube, daß der Energieblock eines starren Beckens im wesentlichen daran schuld ist. Einige Frauen aus meinen Kursen überraschten mich mit der Information, daß durch die neuen Bewegungen die Orangenhaut plötzlich verschwinde, während früher keinerlei Gymnastik geholfen habe. Gewiß spielt auch eine gesunde, nicht wasserbindende Ernährung eine große Rolle; das heißt, man sollte kaliumreich, salz- und zuckerarm essen.

Haarwuchs: Nicht zuletzt sollten Sie haarigem »Wildwuchs«, wie er häufig an Unterschenkeln vorkommt, Einhalt gebieten. Von einigen Ausnahmen abgesehen, wirken haarige Frauenschenkel als sicherer Erotikkiller. Wahre Glaubenskriege habe ich mit diesem Hinweis schon entfacht. Gegnerinnen der Haarentfernung argumentieren aber selten mit »Schönheit«, sondern mit »Natürlichkeit«, was ja nicht immer identisch ist. »Ein Mann muß mich auch so mögen«, heißt es. Dennoch helfen diese Kosmetik-Asketinnen hin und wieder mit Kleidung, Frisur und Seife dem natürlichen Erscheinungsbild etwas nach. Bisweilen steckt aber nur die Furcht dahinter, wie ein Mann jeden Morgen mit Bartstoppeln an allen rasierten Körperstellen aufzuwachen. Aber keine Angst, wir sprechen später noch darüber (17. Tag).

10. Tag
Unser Haupt

> »Der Mond vollendet sich in jedem Monat einmal,
> Dein schönes Antlitz ist an jedem Tag vollendet.«
> *740. Nacht der 1001 Nächte*

Exzellente Pantomime-Lehrer werden mich vielleicht schelten, daß ich erst jetzt zum Kopf gelange. Denn auch Pantomimen, die über eine breite Ausdrucksfähigkeit verfügen müssen, prägt die »Isolationstechnik«. Damit diese der ganze Körper perfekt beherrschen lernt, beginnt man möglichst ausführlich mit dem Kopf. Hatten Sie bisher bei den Übungen große Mühe mit der Isolation, so liegt wahrscheinlich der Schlüssel zu Ihrem Problem in einer für Sie zunächst vorrangigen Beschäftigung mit Ihrem Kopf und Gesicht.

Nichtsdestotrotz sind viele erstaunt, wenn ich mich in meinen Kursen mit dem Kopf so manche Stunde beschäftige. In der Absicht, endlich die »kopfgesteuerte« europäische Lebensweise zu verändern, möchten ihn meine Schülerinnen bald wie ein ungeliebtes Stück abnehmen. Wir müssen ihm daher in besonderem Maße unsere Aufmerksamkeit schenken. Mit ihm »verarbeiten« wir schließlich nicht nur die Gesamtheit unseres Denkens, sondern auch die unseres Empfindens, auch wenn viele meinen, einen scharfen Trennungsstrich zwischen Gefühl und Empfinden auf der einen Seite und Verstand und Denken auf der anderen ziehen zu müssen. Demgegenüber haben Neurobiologen schon vor längerer Zeit nachgewiesen, daß unsere rechte Gehirnhälfte unsere Gefühle steuert, während die linke Gehirnhälfte für das analytische Denken verantwortlich ist. Was auch immer in unserem Kopf vorgehen mag, ebnen wir den Weg dorthin erst einmal von außen nach innen. Die neuen Bewegungen, die wir mit unserem Körper lernen, erfordern oft höchste Konzentration und müssen vorerst aktiv »verstanden« werden, ehe sie ins Unterbewußtsein dringen und wirklich ungezwungen und aus sich heraus wirken.

Es ist rätselhaft, aber ein Tanz, der verstandesmäßig gesteuert erscheint, mag die Technik auch noch so beeindruckend sein, bezaubert uns längst nicht so wie ein spontaner Ausbruch von Empfindungen. Verstehen Sie Körperbewegungen auch als Möglichkeit, Empfindungen zuzulassen. Eine vielfältige Technik führt Sie sicher immer weiter zu diesem Ziel. Doch bald ist der Körper befreit und sucht sich von allein seine unverwechselbaren eigenen Bewegungen, die man einfach zulassen und ihm gestatten muß.

In schöner, bildhafter arabischer Sprache verglich mal eine alte Zigeuner-Tänzerin aus Oberägypten ihren Körper mit einem Orchester. Dort heißen diese Künstlerinnen »G hawazi« und sollen bis in pharaonische Zeit zurückgehen. Dieser schon fast greisenhaften Frau galt meine höchste Bewunderung: Sie konnte aufspringen und augenblicklich die Zeit völlig aus den Angeln heben. Denn sie ließ jahrtausendealte Erfahrungen in ihrem plötzlich unglaublich jung gewordenen Körper erahnen:

»Der Körper ist ein Orchester aus vielen, vielen Instrumenten, welche verschiedene Stimmungen ausdrücken. Sie spielen alle zusammen in größter Harmonie, aber jeder Musiker ist mit seinem Instrument ein einmaliger Solokünstler, der auch allein auftritt, während die anderen Musiker aufmerksam zuhören und ergriffen schweigen. Der hochgeschätzte Dirigent aller aber ist der Kopf. Er beherrscht jedoch nicht despotisch seine Untergebenen, sondern läßt sich von ihnen gerne inspirieren. Ja selbst bescheidene Anfänger und Neuankömmlinge behandelt er mit höchstem Respekt und fördert ihre Entwicklung.«

Zeigen auch Sie Ihrem Kopf gegenüber Achtung; er ist die

Krone unseres Körpers. Trotzdem senken wir ihn häufig oder ziehen ihn ein. Wir signalisieren dadurch, schüchtern oder traurig zu sein. Die Starre unserer Kopfhaltung ist meiner Meinung nach genauso bemerkenswert wie die Unbeweglichkeit des Unterkörpers. Der Kopf ist sehr sensibel. Kein Wunder, wenn er unter unserer Nichtbeachtung leidet und wir Kopfschmerzen bekommen.

In gewissem Sinne widmen wir unserem Kopf und Gesicht gewiß eine Menge Aufmerksamkeit; wir pflegen die Haare und ändern die Frisur, wir kaufen teure Cremes, um unser Gesicht zu verschönern, aber den Kopf lebendig zu halten kommt uns nicht in den Sinn. Hier läßt sich kein Fett abbauen, und die Form kann man auch nicht verändern. Allenfalls bei Nackenschmerzen machen die meisten ein paar eher mißmutige Kopfkreise. Übungen für den Kopf einschließlich Gesicht, Nacken und Hals kennen ohnehin die wenigsten.

Daß der Kopf und das Gesicht eine sehr wichtige Rolle spielen, zeigt dagegen auch wieder das Beispiel mit dem Schleier. Gerard de Nerval beschreibt auf seiner Ägyptenreise im letzten Jahrhundert die Gebräuche:

»In Ägypten hält man es für wichtiger, daß eine Frau den oberen Teil und sogar die Rückseite des Kopfes bedeckt als das Gesicht. Noch wichtiger aber ist, daß sie als erstes ihr Gesicht bedeckt vor den meisten anderen Körperteilen: Zum Beispiel wird eine Frau, die man nicht dazu bewegen kann, in Gegenwart von Männern ihren Schleier abzunehmen, ohne die geringsten Bedenken ihren Busen oder ihr Bein fast bis obenhin entblößen.«

Der Reiz von Kopf und Gesicht ist nach wie vor eine brisante Sache, auch bei uns. Niemand bestreitet die Wirkung von Mund und Augen. Über eine nicht ganz ebenmäßige Nase ärgern sich die Betroffenen oft maßlos. Das Gesichts-Make-up (»Colour me beautiful«) gewinnt immer mehr an Bedeutung. Die arabischen Frauen haben aber Wesentliches den Europäerinnen voraus: eine königliche

Kopfhaltung, die lebendige, vieldeutige Gesichtsmimik, besonders rund um die Augen. Da heute wie früher in manchen arabischen Ländern der Gesichtsschleier allein die Augenpartie frei läßt, spricht eine derart Verschleierte nur mit ihren Augen. So verlockend die Augen ihr Gegenüber in den Bann ziehen, so attraktiv werden die restlichen Körperreize wirken.

Auch unverschleierte Tänzerinnen wissen sehr wohl um die mannigfachen Signale, die das Gesicht aussenden kann. Der gravierende Unterschied zu einer erstarrten Gesichtsmimik fällt einem erst frappierend auf, wenn man einmal eine Bauchtänzerin mit unablässigem »Cheese-Lächeln« hat tanzen sehen.

Machen Sie die Probe aufs Exempel: Versuchen Sie, nur mit den Augen eine Pantomime zu spielen. Wir machen das zu unserem großen Vergnügen manchmal in den Kursen. Eine Teilnehmerin muß mit verschleiertem Gesicht einem Mann auf der Straße beim Einkaufen signalisieren, daß sie ihn gerne kennenlernen möchte. Eine andere spielt den Part des Mannes, der die Aufmerksamkeit erwidert. Dieses Spiel hört sich sehr einfach an, ist aber gar nicht so einfach durchzuführen. Spielen Sie es erst einmal mit Freunden, bevor Sie den eventuellen »Ernstfall« in Angriff nehmen.

Trotz der Heiterkeit sind manche sehr enttäuscht, denn sie stellen fest, daß sie die Augen ohne Anstrengung nicht einmal selbständig rollen können. Häufig verzieht sich die Stirn unwillkürlich, weil die Augenpartie einfach zu »unterentwickelt« ist. Nach einer Phase der Übung, in der die neuen mimischen Errungenschaften erst einmal unfreiwillig komisch wirken, gewinnt das Gesicht an zauberhaftem Charme.

Viele Frauen lassen ihre Ausdruckskraft im Gesicht auch deshalb verkümmern, weil sie völlig zu Unrecht Angst vor den gefürchteten »Mimik-Falten« haben. Aber auch das Gesicht altert wie der restliche Körper viel eher, wenn es nicht »trainiert« wird. Die vielen Bewegungsmöglichkeiten, die uns das Gesicht bietet und die viele von uns leider vernachlässigen, machen also in zweierlei Hinsicht schöner: Erstens arbeiten wir durch Gymnastik der Erschlaffung entgegen, zweitens lernen wir unsere Empfindungen viel offener und vielfältiger auszudrücken.

11. Tag
Kopf- und Gesichtssprache

Stundenlang könnte ich einer sich im Winde wiegenden Birke zusehen. Ein leichter Luftzug bereits macht hoch oben an der Spitze den noch jungen schmalen Stamm schwankend, ein stärkerer Wind reißt Zweige mit sich, und heftige Böen vermögen den Stamm bis zur Erde zu biegen – trotzdem richtet der Baum sich stets mit Anmut wieder auf, schwingt um seine Mitte und kommt dort zur Ruhe.

Übertrage ich dieses Bild auf unseren Körper, so ist unser Stamm, d. h. die Körperachse, ebenfalls kräftig im unteren Bereich, dem Becken, und bedarf dort einer stärkeren Schwungenergie als die oberen Bereiche. Entsprechend kraftvoll sind auch die Bewegungen des Beckens. Je weiter nun unsere Achse nach oben wächst, desto zarter und leichter werden die Schwingungen. Der Hals, der unseren Kopf, die Baumkrone, schließlich trägt, ist dementsprechend sensibel. Schüttelte ich ihn mit der gleichen Vehemenz, mit der ich die Hüften werfe, bräche ich mir den Hals im wahrsten Sinne des Wortes. Die Sensibilität der Halsregion veranlaßt aber viele fälschlicherweise, den Nacken völlig zu versteifen und sich hier kaum noch zu rühren. Der Lebenssaft des Halses trocknet schließlich aus, und dieser wird einem brüchigen Zweig ähnlicher als einer feinen biegsamen Rute.

Die Last des Kopfes ist anscheinend nicht so leicht zu tragen. Als wirksame Achsenkorrektur-Übung habe ich bereits empfohlen, Gegenstände auf dem Kopf zu balancieren.

Diese Kopfhaltung ist auch die richtige Ausgangsstellung für die folgenden Übungen (allerdings nun ohne Kopflast). Setzen Sie sich aufrecht auf einen Stuhl, dann fällt es Ihnen leichter als im Stehen, gerade zu bleiben und den restlichen Körper ruhig zu halten. Dies ist jetzt unbedingt notwendig.

Übung 36: Kopfbeuge nach vorne

Wir verschränken die Hände hinter dem Kopf, atmen tief ein, wobei wir die Ellenbogen so weit wie möglich nach hinten ziehen (Abb. 20a). Wir atmen aus und senken gleichzeitig den Kopf nach vorne. Sagen Sie sich innerlich: »Ich entspanne meinen Kopf und lasse ihn ganz los.« Das Gewicht der Arme, durch die gefalteten Hände auf dem Hinterkopf ruhend, zieht den Kopf zusätzlich sanft nach vorne (Abb. 20b).

20a+b

Verharren Sie noch ein wenig in der Entspannungsposition, sich ständig innerlich zuredend, noch mehr loszulassen. Sobald es im Nacken stärker zieht, haben Sie die Grenze Ihrer Dehnbarkeit für heute erreicht und gehen bei gleichzeitigem Einatmen auf demselben Weg wieder zurück. Wiederholen Sie diese Übung dreimal.

Übung 37:	Aus der Ausgangskopfhaltung drehen Sie den Kopf mal
Profil zeigen	nach rechts, mal nach links. Ihr Kinn beschreibt dabei insgesamt exakt einen Halbmond. Diese Übung sollte schließlich auch mit einem Buch auf dem Kopf gelingen (Abb. 21).

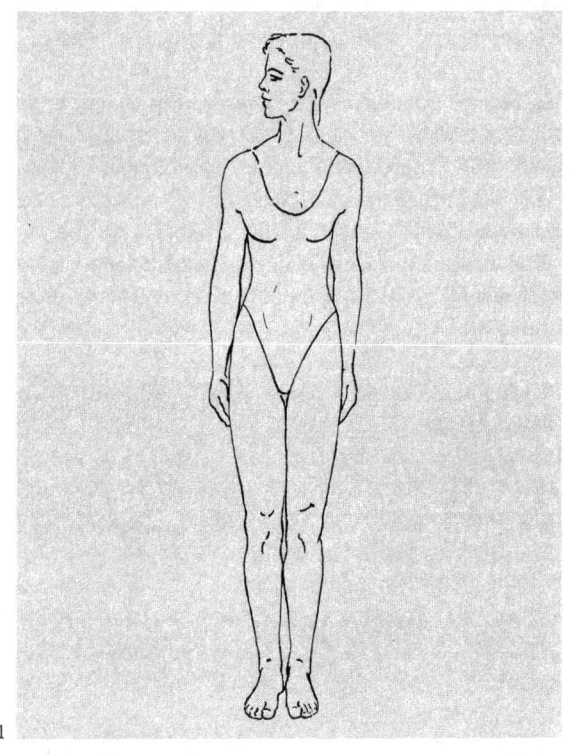

21

Sie müßten einen Zug an den Halspartien links und rechts vorne verspüren.

Übung 38:	Einen starken Zug auf der jeweils gegenüberliegenden Hals-
Das Kopfkissen	und Nackenpartie fühlen Sie, wenn Sie den Kopf zur Seite legen. Das geschieht wieder langsam beim Ausatmen, und

zwar so, als wollten Sie Ihr müdes Haupt sanft auf ein seitliches Kissen betten.

Wie auf ein Nackenkissen legen Sie jetzt den Kopf sacht nach hinten. So einfach das ist – hierbei verzerren sich manche Leute, da sie ihn nicht geradlinig und langsam nach hinten biegen, sondern ruckartig abknicken.

Übung 39: Das Nackenkissen

Merke: Alle Kopfübungen dürfen niemals heftig oder schnell ausgeführt werden. Die Übungen für den Kopf genügen vorerst völlig. Achtung bei bekannten Entspannungsübungen, wie z. B. dem »Kopfkreisen«: Sie bergen Verrenkungsgefahr!

Es bedarf also nur wenig Aufwand für die große Wirkung, die bald von Ihrer selbstbewußten Kopfhaltung und dem sehnigen Hals ausgeht. Ganz nebenbei rücken Sie auch Ihr Profil in ein günstiges Licht, selbst wenn es nicht so feingemeißelt wie das von Nofretete sein sollte. Kopfübungen sind auch deshalb wichtig, weil sie Halsfalten wirksam vorbeugen. Diese Makel mildert im übrigen eine ausgewogene Kinnpartie. Womit wir bei der Vervollkommnung unserer Gesichtszüge wären.

Viele Menschen drücken krampfhaft das Kinn an den Hals, manchmal auch kaum merklich, aber doch so, daß das Gesicht Verbissenheit, Starrsinn und schlechte Laune offenbart. Ist diese Körperhaltung von Dauer, zeichnet sich Erschlaffung, ja manchmal geradezu ein Verfall ab. Das Doppelkinn eines lebenslustigen, genußfrohen Menschen empfindet man als liebenswerte Eigenheit, während ein verbiestertes Kinn die Erscheinung eines sonst noch so schönen Menschen völlig zerstören kann.

Wir legen den Kopf sanft in den Nacken wie bei Übung 39 und strecken das Kinn so weit vor, daß sich die Unterlippe übertrieben vorstülpt. Üben Sie das ruhig zehnmal.

Übung 40: Schmollen

Übung 41:
Kinn-Mimik

Menschen, denen vor Erstaunen »der Kinnladen herunterfällt«, vergessen dabei, das Gesicht anzuspannen. Machen Sie es nach, wobei Sie sich wie immer in der Ausatmungsphase auf die Entspannung konzentrieren.

Vielleicht weil hierbei das Gesicht alles andere als intelligent aussieht, scheuen viele zurück, sich »gehenzulassen«.

Übung 42:
Kinn schieben

Der Kinnstarre machen Sie den Garaus, wenn Sie jetzt bei geschlossenem Mund das Kinn nach links und nach rechts schieben.

Übung 43:
Angst einflößen

Überaus häßlich und furchteinflößend zeigt sich Ihr Gesicht, wenn Sie lediglich die Unterlippe mit den Mundwinkeln nach unten ziehen. Reißen Sie zusätzlich die Augen auf. Diese Übung ist sehr durchblutungsfördernd und straffend für die gesamte Hals- und Mundpartie.

Übung 44:
Abscheu zeigen

Ziehen Sie die Oberlippe übertrieben hoch. Verleihen Sie Ihrem Gesicht einfach einen möglichst angewiderten Ausdruck.

Übung 45:
Nasenturnen

Öffnen und schließen Sie die Nasenlöcher. Ziehen Sie hoheitsvoll die Nase nach oben. Kräuseln Sie sie so, als ob Sie gleich niesen wollten.

Übung 46:
Zuckungen

Jetzt zucken Sie mal mit der rechten, mal mit der linken Wange. Diese künstlichen, nervös anmutenden Zuckungen bekämpfen die echten, unwillkürlichen.

Übung 47:
Ohrenwackeln

Wackeln Sie mit den Ohren – das ist eine hervorragende Kopfhautmassage. Es geht nicht? Dann sollten Sie viel häufiger herzhaft lachen. Dabei bewegen Ihre äußersten Gesichtsmuskel die Ohren mit. Bald können diese es auch allein, nämlich bei geschlossenem Mund.

12. Tag
Der Ausdruck der Augen

> »Da glänzten mir feurige Augen entgegen
> Voll zündender Gewalt,
> Wie von edlen Stuten, wenn des Hengstes
> Wiehern erschallt.«
>
> *(Argy, 8. Jhd.)*

Welcher Bann von den Augen ausgeht, brauche ich wohl nicht weiter auszuführen. Fast jede Frau strebt an, die Augen durch vielerlei Tricks größer wirken zu lassen und ihnen zu mehr Glanz zu verhelfen. Um so verwunderlicher ist der weitverbreitete Mangel an »augenmimischen« Fähigkeiten.

Ich kenne das Problem: Wie alle Kinder hatte ich ausdrucksstarke Augen. Als junges Mädchen wurde ich leider etwas kurzsichtig. Aufgrund meiner Eitelkeit erhielt ich Kontaktlinsen. Diese waren damals noch hart und fielen mitunter heraus, wenn ich zu scharf zu einer Seite blickte. Also versetzte ich meine Augenmuskel in den Ruhestand und wandte selbst dann den ganzen Kopf, wenn ich naheliegende Punkte ansehen wollte. Trug ich hin und wieder eine Brille, war das Gesichtsfeld ein wenig eingeschränkt, und ich tat dasselbe, denn ich wollte ja nicht über den Rand der Brille hinwegschielen. Zu Unrecht fühlte ich mich mit Brille so abgrundtief häßlich, daß »die Lichter« in meinen Augen allmählich »verloschen«. Und das blieb auch so, als ich längst komfortable, besser sitzende Weichlinsen besaß.

Eine gute Freundin machte mich schließlich – und zu meinem Glück – auf die Leere in meinen Augen aufmerksam. Sie riet mir, ohne Linsen zu tanzen, und selbst wenn ich die Leute nicht ganz deutlich sähe, sollte ich versuchen, Blickkontakt mit ihnen aufzunehmen und meine Gefühle – aus Unsicherheit wegen meiner Sehschwäche – nicht zu verleugnen. Zusätzlich begann ich mit einem speziellen Augentraining, das ich Ihnen im folgenden vorstellen werde. Ich will es nicht berufen, aber meine Sehkraft hat sich unerwartet verbessert, so daß ich kaum noch eine Brille oder die Kontaktlinsen verwende. Und die für uns Kurzsichtigen angeblich ausgleichende »Alterweitsichtigkeit« hat bei mir noch nicht eingesetzt. Selbst wenn Sie jedoch eine erheblich stärkere Sehschwäche haben, so gibt es doch heute hervorragend verträgliche Linsen und zauberhafte Brillen. Letztere engen Ihr Blickfeld zwar etwas ein, können aber Ihre Augen und deren Ausdruck sogar noch positiv hervorheben. Machen Sie jedenfalls auch als Brillenträgerin das Training mit.

Mehr als ein anatomischer Fehler der Augenlinse allerdings schlägt uns die Psyche ein Schnippchen. Schüchtern niedergeschlagene Augenlider mögen noch ganz nett wirken, aber das mitunter sehr hektische europäische Leben, was sich in glanzlosen Augen spiegelt, läßt die Blicke fahrig und rastlos werden. Die Unfähigkeit, seinem Gegenüber in die Augen sehen zu können, zerstört deren Schönheit am nachhaltigsten. Der Blick darf unsicher sein, verhalten, stolz, sehnsüchtig, liebevoll, spöttisch, verachtend, fröhlich, freundlich, er kann kurz oder lang dauern, aber er muß den Menschen gegenüber direkt erreichen!

Versuchen Sie einmal den Blick auszuhalten in Situationen, in denen Sie sich normalerweise nicht wohl fühlen, sei es aufgrund von Hemmungen oder Nervosität. Die positive Resonanz auf Ihre sichere und wache Ausstrahlung wird Sie überraschen.

Übung 48:
Augen kräftigen

In der geraden Kopfhaltung richten wir den Blick auf einen mindestens fünfzig Meter entfernten Punkt und lassen diesen eine halbe Minute lang nicht mehr los. Versuchen Sie, mit den Augen möglichst nicht zu »flattern«.

Wir schließen kurz die Lider und fixieren sodann für gewisse Zeit einen Punkt auf der Erde. Wiederum werden

*Safrangelb – die edelste Farbe alter orientalischer Gewänder.
Kostbar auch die modernen Tanzkostüme.*

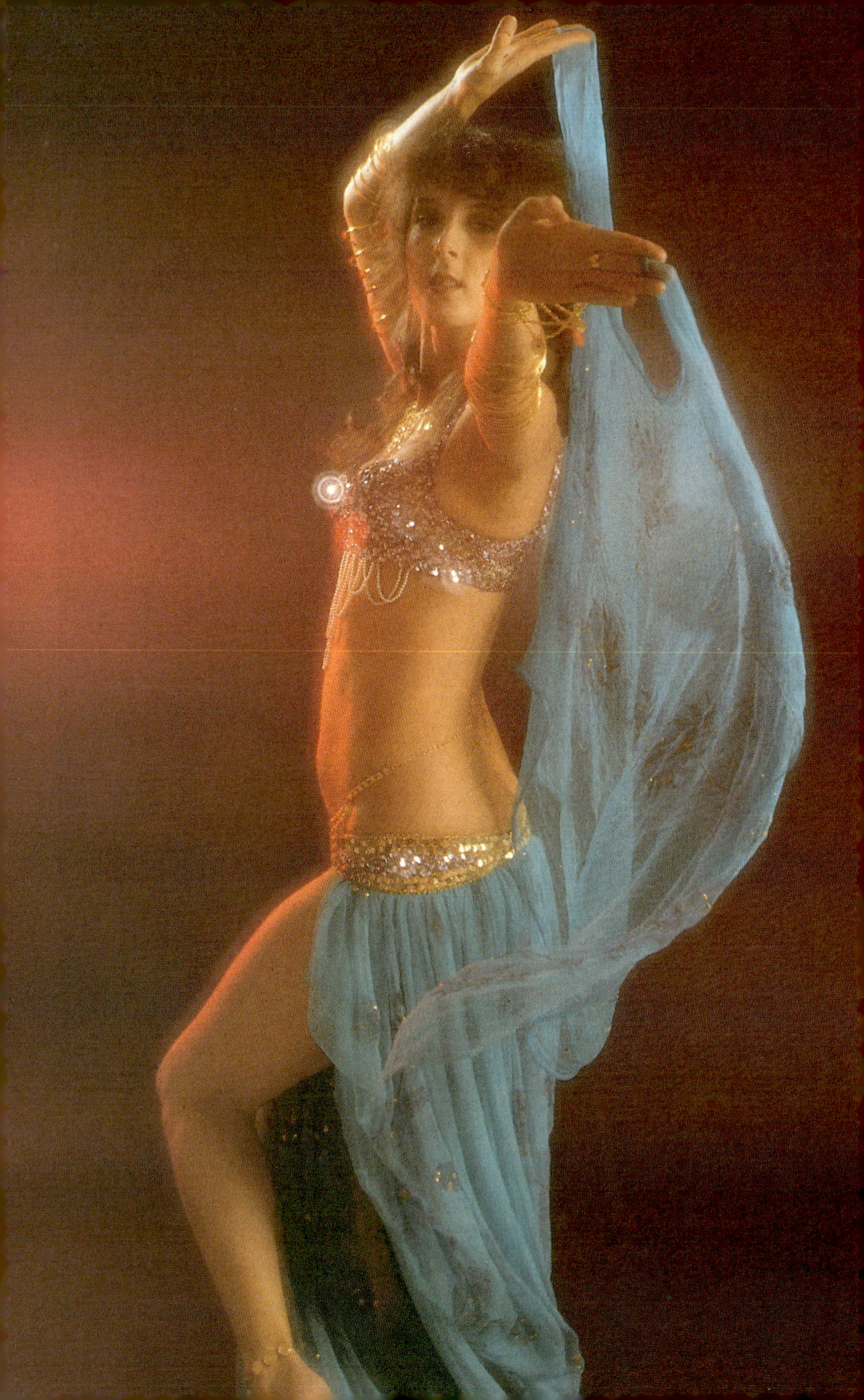

In die berühmte »Sultansbrücke« gelangt die Tänzerin überraschend aus dem Stand oder der Knieposition.

Ulaya Gadalla bei einer Gala-Veranstaltung in Deutschland. In zunehmendem Maße verfällt Europa begeistert diesem herrlichen Tanz.

die Lider geschlossen, und ein Punkt wird möglichst weit oben angepeilt. In derselben Reihenfolge wiederholen wir diese Übung mehrmals. Während der ganzen Übung dürfen sich weder der Kopf noch die Stirn bewegen.

Das Ganze können Sie noch steigern, wenn Sie auf dieselbe Weise zusätzliche Punkte fixieren:

Übung 49:
Augenrollen

Zuerst wählen Sie die Punkte geradeaus in der Ferne, dann unten in der Mitte, unten links, oben links, oben Mitte, oben rechts, unten rechts, unten Mitte – die Augen folgen also einem Kreis im Uhrzeigersinn.

Nach zwei Wiederholungen versuchen Sie die Punkte in der umgekehrten Reihenfolge (gegen den Uhrzeigersinn) ins Auge zu fassen. Es wird nicht lange dauern, und die Augen rollen von selbst.

Schlaffe Lider stören gewaltig. Das ändert sich bald, wenn Sie ab und zu nach unten schauen und anschließend nur die Augendeckel »hochreißen«. Augenbrauen und Stirn müssen dabei vollkommen unbeteiligt bleiben.

Übung 50:
Die oberen Lider stärken

Auch die unteren Augenlider gestalten den Ausdruck unserer Augensprache erheblich mit. Damit Sie sie wieder spüren, kneifen Sie diese so kräftig zusammen, als käme Ihnen Sand in die Augen. Erst ziehen Sie nur die Unterlider zusammen, dann Unter- und Oberlider gleichzeitig. Aber keine Angst: Blinzelfältchen entstehen gerade dadurch nicht. Diese bilden sich nur, wenn Sie wegen starker Sonneneinstrahlung die Augen unmerklich pausenlos verengen. Tragen Sie daher lieber eine gute Sonnenbrille, wobei Sie aber immer bedenken sollten, daß die UV-Strahlen, die der Körper wirklich benötigt, zu einem großen Teil durch die Pupille aufgenommen werden. Eine übergroße Lichtempfindlichkeit, die Sie veranlaßt, bei geringer Helligkeit bereits dunkle Gläser zu tragen, ist eigentlich nicht im Sinne der Natur.

Übung 51:
Training der unteren Lider

Übung 52: **Augenschließen und -aufreißen**	Zwischendurch ist es höchst angenehm, die Augen ganz kräftig zu schließen und wieder aufzureißen, so daß die ganze obere Wangen- und Stirnpartie mit hochgerissen wird. Nebenbei wirken Sie damit auch einem dauernden Stirnrunzeln entgegen.
Übung 53: **Stirnmassage**	Viele Leute haben ständig angespannte Brauen. Lassen Sie sie einmal bewußt auf und nieder turnen. Danach sind sie wesentlich lockerer, und die Stirnfalten werden verschwinden oder zumindest erheblich gemildert.
Übung 54: **Stirne glätten**	Sie versuchen Übung 53 auszuführen, halten aber Ihre Augenbrauen mit den Fingern fest, die sich beim Hochziehen gegen dieses Hindernis »stemmen« wollen. Diese isometrische Übung erfordert viel Energie und verhindert eine unnötige Erschlaffung.

Es versteht sich von selbst, daß diese ganze »Grimassenschneiderei« dazu geeignet ist, Falten zu glätten, auch wenn gerade sie während der Übungen heftig in Erscheinung treten.

Gefährlich für die Schönheit ist, wie gesagt, eine erstarrte Dauermimik. Betrachten Sie einmal kritisch Ihre Gesichtszüge. Fast jeder Mensch neigt zu Daueranspannungen im Gesicht, welche zu unliebsamen, bleibenden Verzerrungen und Verkrampfungen führen können. Der vielseitige, meistens vernachlässigte Augenbereich ist dafür natürlich besonders anfällig. Ein ständig nachdenklicher, stirnrunzelnder Mensch wird schnell eine bleibende Furche zwischen den Brauen bekommen. Dieses Aussehen wirkt zudem oft unerwünscht ernst oder gar mißmutig. Und wie die Stirn ständig »umwölkt« ist, so wird sich auch der innere Gemütszustand hartnäckig behaupten. Ebenso gräbt aber ein hingeklebtes Dauerlächeln härtere Linien in ein Gesicht als ein häufiges, von Herzen kommendes Lachen, das den Mund weit aufreißt.

Kurz und bündig: Wenn Sie den Mut haben, in Ihrem Gesicht die ganze Vielfalt von Gefühlen zuzulassen, werden Sie ausdrucksstark und schön sein. Übrigens wären bei dieser an Europäer gerichteten Aufforderung meine ägyptischen Freundinnen in tränenreiches Gelächter ausgebrochen – ohne Rücksicht auf ihre Schönheit und gutes Benehmen...

13. Tag
Die Stimme

Bei Allah – das konnte doch nicht wahr sein! Ein Verrückter! Mir verschlug es die Stimme, und ich schüttelte vor Empörung so heftig meinen Kopf, daß die schweren altmodischen Lockenwickler zu Boden prasselten. Bei Allah – eine Verrückte, dachte Ismail, der Friseur, und änderte seine Meinung auch nicht, als ich ihm den von mir mühsam, aber stolz entzifferten Artikel aus dem ägyptischen Journal unter die Nase hielt: Da hatte sich doch ein strenger Islam-Gelehrter wegen einer beliebten Rundfunksprecherin dermaßen wütend entflammt und deren sofortige Absetzung verlangt, weil die angeblich von ihrer Stimme durch den Äther verströmten sexuellen Schwingungen einen Affront gegen ehrbare Männer darstellten. Ismail zuckte nur mit den Schultern und empfahl mir ansonsten, nachmittags das Radio anzuschalten.

Und wirklich: Die Art und Weise, wie jene mit Spannung erwartete »Leila« den unverfänglichen Begleittext einer Unterhaltungssendung moderierte, vergesse ich nicht. Jane Birkins »Je t'aime« ist dagegen ein braves Kinderliedchen. Mitleid mit jenem religiösen Eiferer überkam mich. Ich konnte ihn mir lebhaft in seinem kahlen einsamen Raum vorstellen, wie er, nichts Böses ahnend, in Erwartung der Nachrichten am Radio drehte und plötzlich Leila schutzlos ausgeliefert war.

Ihre Stimme war unbeschreiblich: Es schwangen Erotik, souveräne Weiblichkeit, Wärme sowie Sensibilität und Offenheit mit. Durch einen Zufall machte ich auf einem Fest die persönliche Bekanntschaft dieser Frau – Mitte Vierzig, auf den ersten Blick unscheinbar. Allein, sie stand im Mittelpunkt der Gesellschaft. Alle scharten sich um sie, um ihre Stimme gleichsam aufzusaugen.

Es hätte wenig Sinn, es ihr nun durch eifriges Üben gleichtun zu wollen, etwa mit berechnend wirkungsvollen Pausen den Redefluß zu unterbrechen und Seufzer und Schwingungen einzubauen, wenn das Gesagte nicht einem echten Gefühl entspringt. Wundert Sie es, daß die Orientalinnen, wenn sie nach den wichtigen Schönheitsattributen einer Frau befragt werden, an ziemlich vorderer Stelle den Wohlklang der Stimme hervorheben?

Dafür können auch Sie einiges tun:

Übung 55: Sprechanalyse

Hören Sie sich einen von Ihnen auf Band gesprochenen Text an. Die Scheu, seine eigene Stimme gleichermaßen »von außen« zu hören, ist für viele größer, als morgens müde in den Spiegel zu schauen. Man ist anfänglich meistens darüber entsetzt. Analysieren Sie aber einfach ganz sachlich einige hervorstechende Mängel: Wörter verschlucken, Silben nachlässig betonen, überflüssige Satzverbindungen wie »äh«, »na« usw., zu schnelles, zu lautes, zu leises Sprechen.

Das sind alles »Unebenheiten«, an denen sich leicht feilen läßt. Gefällt Ihnen der Klang der Stimme ganz allgemein nicht, so ist zwar die Stimmlage individuell und unverwechselbar angeboren, doch ist sie (unzul. Ellipse) selten der Grund, warum man deren Klang nicht mag. Häufige Ursache für eine gepreßte, schlechttönende Sprache ist falsches Atmen. Haben sich an Ihren Stimmbändern bereits Knötchen gebildet – der Verdacht tut sich auf, wenn Sie bei längerem Sprechen heiser werden –, ist eine ärztlich verordnete Sprechtherapie notwendig.

Ob Baß oder Sopran, jede Stimme kann interessante Schattierungen zeigen. Bemerkenswert ist es, daß in der deutschen Sprachmelodie allgemein nur fünf Grundtöne vorkommen. Schon die Franzosen kennen mehr melodische Schwingungen.

Übung 56: Stimmprüfung

Prüfen Sie anhand des Tonbandes, wann Sie in Ihrer Stimme unterschiedliche Tonlagen wahrnehmen. Gibt es auch einen Wechsel zwischen lauter und leiser?

Meist sind diese Schwingungen nur am Ende eines Fragesatzes zu erkennen. Eine gleichmäßige Akzentuierung ohne eine gewisse Vibration läßt viele Stimmen fade erscheinen.

»Hayir« heißt auf türkisch »Nein«. Wie können in dieses zweisilbige Wort gespielte Empörung, Stolz, höfliche, schüchterne, vehemente Ablehnung, aber auch gehauchte Zustimmung hineingelegt werden! Das arabische »La« für »Nein« läßt nicht so viele Zwischentöne im Ausdruck zu – möchte man meinen. Kurz, bündig und einsilbig wie eine saftige Ohrfeige kann »La« dem Fragenden entgegenzischen, aber eine Araberin vermag ebenso die ganze Tonleiter von unten bis oben mit diesem kurzen Wort zu spielen, so daß den armen Zurückgewiesenen noch eine letzte erotische Salve mitten ins Herz trifft.

In meinen Tanzkursen arbeite ich zu unserem großen (und lehrreichen) Vergnügen hin und wieder mit Tonkassetten. Jede Teilnehmerin soll in ganz verschiedenen Situationen »Nein« sagen. Als nächstes soll der folgende Satz gesprochen werden: »Hast du schon das Geschirr gespült?«, und zwar in den Rollen als Frischverliebte, als langjährige Ehefrau, zu den heranwachsenden Kindern, zu nicht so nahestehenden Personen usw. Fast immer sind die Teilnehmerinnen verblüfft über ihre eigene Ausdrucksfähigkeit. Manchmal entwerfen wir auch gemeinsam spontane Hörspiele mit mehr oder weniger vorgeschriebenem Text. Das schult die Ausdrucksfähigkeit ungemein.

Weitere Übungen zur Stimmbildung:

Übung 57: Vokalübung I

Atmen Sie langsam und tief durch die Nase in den Bauch und schließlich in die Brust ein. Beim langsamen *Ausatmen* aus der Tiefe sprechen Sie dabei gleichzeitig den Vokal A. Wiederholen Sie die Übung mit allen anderen Vokalen.

Übung 58: Vokalübung II

Atmen Sie nicht mechanisch die Vokale aus, sondern legen Sie jetzt alle möglichen Ausdrucksvariationen, die nach Ihrer Meinung zu den einzelnen Vokalen passen, hinein:

»A«: Genußfreude, heiteres Erstaunen
»E«: Abscheu, Ablehnung, Ungeduld
»I«: Erschrecken, Jubeln
»O«: Bewunderung, Zurückweisung
»U«: Furcht einflößen, Weinen, Nachahmen des Windes

Testen Sie selbst, was sich verändert, wenn Sie die Töne beim *Einatmen* »mitziehen«.

Übung 59: Konsonantenübung

Akzentuieren Sie auf dieselbe Weise diese Konsonanten: »M«, »N«, »S«, »Z«.

Übung 60: Wörterübung

Üben Sie jetzt auf die gleiche Weise mit einfachen Wörtern: z. B. »nein«, »danke«, »Auf Wiedersehen«.

Warum ich diese Übungen ausgerechnet in Bauchtanzkursen veranstalte? Nun, die Stimmbildung lockert die Persönlichkeit und schaufelt auch in ganz anderen Bereichen der Ausdrucksfähigkeit verschüttete Bahnen frei. Meine durch die Hörspiele in ihrer Kreativität geförderten Schülerinnen gewinnen tänzerisch ungemein dazu.

Übung 61:
Atemübung

Ein freies Fließen des Atems ist ausschlaggebend dafür, daß uns beim Sprechen »nicht die Luft ausgeht«. Ganz abgesehen davon stärken wir die Atemwege, und es lösen sich psychische Blockierungen. Wir gewöhnen uns an:
1. Beim Schwimmen holen wir ohne Rücksicht auf Frisur tief Luft und tauchen so weit wie möglich. Dabei achten wir auf ausgeprägte Schwimmbewegungen.
2. Wir benutzen die Uhr während des Spazierengehens, um zu messen, wie *wenig* Atemzüge wir in einer Minute schaffen können. Wir ziehen sehr langsam, aber ohne zu stocken, den Atem durch die Nase und füllen unseren Körper damit auf, indem wir diesen von der Beckenbodenmuskulatur bis hinauf in den Brustkorb aufspannen und den Atem so lange wie möglich anhalten. Beim Ausatmen durch den Mund ziehen wir zunächst die Beckenbodenmuskulatur fest zusammen, dann den Bauch von unten nach oben und senken schließlich den Brustkorb.

Sowohl Einatmen wie Ausatmen versetzen den Körper in Wellenbewegungen. Zwei bis drei Atemzüge pro Minute wären eine sehr gute Leistung. Der Körper wird beim Spaziergehen optimal mit Sauerstoff versorgt. Die Erholung hält lange vor.

Eine weitere Atemübung erfrischt und macht ungemein gelassen; sie ist ideal morgens nach dem Aufstehen und vor unangenehmen Situationen, Lampenfieber oder ähnlichem, kurz: immer dann, wenn uns »der Atem stockt«.

Übung 62: »Wändestemmen«

Wir stehen entweder bei vorgeschobenem Becken und aufgerichtetem Brustkorb oder sitzen im Schneidersitz bei geradem Rücken. Wir strecken die Arme seitlich aus, wobei die Handinnenflächen gegen eine unsichtbare Wand drücken. Dabei atmen wir tief durch die Nase ein. Nur die Hände fallen anschließend entspannt herab, und die Unterarme beschreiben dann jeweils einen Bogen zurück zu den Schultern, wo die Hände von selbst locker auf die Schultern fallen. Dabei atmen wir durch den Mund aus.

Beim Einatmen knicken die Hände wieder um, und die Unterarme strecken sich aus, um der »entgegenkommenden Wand« Einhalt zu gebieten. Wichtig dabei ist, daß die Oberarme ihre zum Körper rechtwinkelige Position nie verändern. Die Ellenbogen sind unverrückbare Fixpunkte.

14. Tag
Die Shimmys

Was wäre ein richtiger Bauchtanz ohne Shimmys!

Diese »Zitter«-Figuren haften den europäischen Zuschauern meist am markantesten im Gedächtnis. Bevor ich aber näher darauf eingehe, möchte ich zunächst eine Übersicht über die möglichen Figuren entwerfen. Typisch für den Bauchtanz sind drei Gruppen von Grundbewegungen:

1. Rund und weich
Dazu gehört der Beckenkreis. Beherrscht man ihn, so kommt er einer Zauberformel gleich, die einem auch all die anderen Schleifen, Achten, Schlangen und auch ganz neue Abwandlungen davon ermöglicht. Mit ihm lassen sich melodische Passagen in der Musik körperlich nachvollziehen.

Diese Figurengruppe, die sich auf alle Körperteile erstreckt, zeichnet ganz besonders den ägyptischen Tanz aus.

2. Rhythmisch und schwungvoll
Hierzu rechnet man alle Hüftschwünge, -wippen, -»drops« (leider kenne ich keine bessere Bezeichnung als die amerikanische für das betonte Herunterfallen der Hüfte), aber auch gekonnte »Zuckungen« mit den Schultern und ähnliche Figuren.

Das »Sesam-öffne-dich« für das Gelingen dieser Figuren besteht darin, die Körperteile einzeln völlig loslassen zu können (siehe auch Seite 27 ff.). Beim »Hüftdrop« z. B. verstärken Sie diese natürliche Folge der Schwerkraft durch

Energie, nicht jedoch durch erneute Anspannung. Sie werfen dabei die Hüfte wie einen Ball zur Erde, der mit verminderter Kraft automatisch wieder hochspringt. Beim »Hüftschwung« werfen Sie Ihren »Hüftball« nach oben, der dann so weit als möglich in Richtung Erde zurückfällt.

Wohin und mit welchem Körperteil auch immer jeder Schwung zielt, wesentlich ist hierbei, die Trommelschläge eines Musikstückes exakt nachzuvollziehen. Nicht nur Anfänger betonen dabei effektvoll ausschließlich die Grundschläge des Rhythmus und ignorieren zunächst die schnell aufeinanderfolgenden musikalischen Verzierungen.

3. Ekstatisch und schnell

Dazu gehören die schon erwähnten Zitterbewegungen, bei denen der Körper wie von alleine zu vibrieren beginnt und sich bis zur Ekstase steigern kann. Die Bewegungen werden immer kürzer und schneller, so daß sie als einzelne nicht mehr auszumachen sind.

Eigentlich ist jede sehr schnell ausgeführte Schwungfigur ein Shimmy. Besonders bei einer »molligen« Tänzerin kann das sehr wirkungsvoll sein.

Doch der echte, ästhetisch anspruchsvollere Shimmy, vor allem für die leicht füllige Tänzerin, der diese Figur gut ansteht, verläuft anders: Kennzeichnend ist für ihn, daß der eigentliche Bewegungsantrieb aus einem anderen naheliegenden Gelenk kommt. So wird beispielsweise nicht einfach der Busen hin- und hergeschaukelt, sondern der Brustkorb beginnt aufgrund nahezu unsichtbarer, sehr kurzer und schneller Impulse aus den Schultergelenken zu vibrieren.

Bei den Hüften verhält es sich ebenso: Die Knie werfen die lockeren Hüften wie Jonglierbälle nach oben.

Können Sie also diesen »Knie-Shimmy«, so ist es nur noch ein kleiner Schritt zu den zahlreichen, besonders raffinierten Abwandlungen dieser Shimmyart. Bald können Sie gleichzeitig eine »runde« Figur auszuführen. Da ja die Hüften durch die Arbeit der Knie keine aktive eigene Aufgabe haben, kann das Becken ohne weiteres zum Kreis ansetzen. Das Ergebnis ist ein »zitternder Beckenkreis«.

Der Vorteil des »echten« Shimmys ist, daß Sie selbst sofort merken, wenn Sie dabei wieder versteifen. Erst nur einige Sekunden, dann immer länger gewinnen Sie ein Gefühl geradezu euphorischer Befreiung. Sie werden dermaßen locker, daß sogar schlanke Tänzerinnen erstaunt feststellen, wieviel »Fleisch« sie noch schütteln können. Shimmys passen zu gesteigerten Trommelsolos oder zur »Qanūn«, dem arabischen Zither-Instrument.

Ich hätte mich nicht so lange bei der Beschreibung der Shimmys aufgehalten, wenn ich nicht auch den am Bauchtanz weniger Interessierten die Wichtigkeit dieser Bewegungen hätte nahebringen wollen. Vom grandiosen Lockerungseffekt für den ganzen Körper abgesehen, sind drei Minuten Shimmy täglich ein hervorragendes Kreislauf-Training. Sie kommen dabei so schnell ins Schwitzen wie bei kaum einer anderen Tätigkeit. Sie spüren allerdings jede Zigarette, die Sie zuviel rauchen. Das körperliche Wohlbefinden nach etwa drei Minuten Training ist kaum noch zu überbieten.

Erst der Shimmy rundet jedes Körpertraining optimal ab. Haben Sie sich bisher ernsthaft mit den anderen Übungen befaßt, werden Sie fühlen, daß der Shimmy der rassige Gegenpol zu den gefühlvollen runden Bewegungen ist. Die oben beschriebene zweite Gruppe der Schwünge ist die Vermittlerin zwischen den beiden anderen gegensätzlichen Figurengruppen.

Übung 63:
Der klassische
Grundshimmy

Sie kennen bereits die Hüftwippe (Übung 4), die man in gewisser Weise mit dem Shimmy in ihrem Grundaufbau vergleichen kann. Hier bleiben Sie aber mit beiden Füßen auf dem Boden stehen, geben wie üblich abwechselnd dem Fall der jeweiligen Hüfte durch das sich beugende Knie nach und strecken das Knie mit Schwung wieder ein wenig, so daß es die Hüfte in die Ausgangsstellung zurückwirft.

Über die dabei auftretende Gewichtsverlagerung brauchen Sie sich keine Gedanken zu machen: Die gerade »arbeitende« Hüfte ist automatisch locker. Wenn Sie sich wieder verhärten sollten, schütteln Sie zwischendurch einfach mal betont die Hüften im Wechsel nach unten aus.

Am besten üben Sie anfangs ein wenig breitbeinig mit leicht nach vorn geneigtem Rumpf und etwas gebeugten Knien, die sich während der Bewegung aber nie ganz durchstrecken. Man wird als Zuschauer, selbst wenn Ihre Knie nicht unter einem Rock verborgen sind, deren Bewegung kaum bemerken.

Das ungewohnte Gefühl, daß auch der Po mit zittert, veranlaßt viele, genau dort wieder die Muskeln anzuspannen. Aber keine Angst, es wirkt nicht ordinär. Außerdem ist die Gesäßpartie, ohne daß Sie dessen gewahr werden, bei vielen dauerunterkühlt. Nicht nur für den Stoffwechsel des Gewebes, sondern auch für die Unterleibsorgane tun Sie Gutes, wenn Sie diesen ganzen Bereich gezielt durchschütteln und erwärmen.

Übung 64: Der Brust-Shimmy

Die Basis hierfür ist eine ganz andere Figur, nämlich das »Schulterzucken«. Da Sie sich anfangs leicht überanstrengen können, weil Sie wie die meisten Menschen in diesem Bereich ziemlich verhärtet sind, üben Sie immer vorsichtig, aber regelmäßig.

Sie strecken zuerst einseitig den Arm zur Seite aus und stoßen kurz die Schulter nach *vorne*, aber nicht nach *oben*. Dann üben Sie die andere Seite und schließlich abwechselnd rechts und links. Dies allein sind schon hübsche Figuren aus der zweiten Gruppe. Es dauert gar nicht lange, und auch hier werden die Bewegungen immer kürzer und schneller: Der Brustkorb »erbebt«.

15. Tag
Wer möchte bauchtanzen lernen?

Nach den vielen Übungen möchte ich Ihnen heute zum Abschluß des gymnastischen Teils dieses Buches etwas Ruhe und Besinnung gönnen. Ich hoffe, Ihnen schon jetzt beim besseren Kennenlernen Ihres Körpers etwas geholfen zu haben. Absichtlich stelle ich Ihnen Bauchtanz in vielerlei Hinsicht als bedeutsam dar, damit Sie sich davon auch ohne tänzerische Ambitionen angesprochen fühlen. Mag ja sein, daß Sie sich für die orientalische Kultur nicht so stark interessieren, daß Sie gleich deren Tanz lernen wollen. Wahrscheinlich können Sie sich auch nicht mit den Glitzerkostümen anfreunden, die übrigens nicht unbedingt sein müssen, um die Schönheit des Tanzes zu betonen. Aber die Bewegungsformen an sich sind viel zu wichtig, als sie nur unter kulturellem Aspekt zu bestaunen. Es sind weibliche Urbewegungen, denen im Laufe der Jahrtausende durch tänzerische Vervollkommnung eine künstlerische Erhöhung widerfahren ist. Insofern sind diese Bewegungen, selbst wenn es heute vielerorts verschüttet zu sein scheint, unser weibliches Allgemeingut.

Vielleicht interessieren Sie sich aber sogar, den Bauchtanz, dessen künstlerisches Zentrum Ägypten ist, von Grund auf als Ihr ureigenes Ausdrucksmittel zu erwerben. Was für eine wunderbare Kunst! Nicht jede Orientalin beherrscht sie allerdings gut genug, um sie zu unterrichten. Bei »Massenveranstaltungen« z. B. an Volkshochschulen ist Vorsicht geboten. Ideal sind Kurse mit höchstens acht Personen und einer Lehrerin, zu der Sie Vertrauen haben. Nicht die Menge der (häufig unvollkommen einstudierten) Tanzbewegungen macht die Qualität einer Lehrerin aus, sondern ein weitgreifendes Wissen über den menschlichen Körper. Sie müssen wirklich auf jede Ihrer Fragen eine Antwort bekommen. Übersteigt ein Problem die Kompetenz der Lehrerin, z. B. auf medizinisch-orthopädischem Gebiet, so gibt sie dies offen zu und versucht die Unklarheiten mit Hilfe eines Spezialisten zu klären. Es gibt noch keinen festen Ausbildungsgang für Bauchtänzerinnen, an dem man sich orientieren könnte – ein künstlerischer Bereich läßt sich eben nicht so leicht reglementieren.

Vorurteile über den orientalischen Tanz

Die zur Zeit vorliegenden Forschungen bestätigen, daß die Geschichte des Bauchtanzes sehr alt ist. Ähnlich muß schon im Alten Ägypten getanzt worden sein, wie wir einigen Wandmalereien entnehmen können. Alle wissenschaftlichen Untersuchungen über den Bauchtanz können aber das mit dem Tanz verbundene Lebensgefühl nur höchst unvollkommen nachempfinden. Denn immer wieder trifft man auf eine betonte Lustfeindlichkeit bei der Beurteilung geschichtlicher Fakten über den Bauchtanz, der ja eigentlich genau das Gegenteil bewirken soll. Mag die Beschreibung eines altägyptischen Tanzes von Hans Hickmann auch umstritten sein, ein Aspekt seiner Aussage über den Bauchtanz gilt nahezu unwidersprochen: »...Bauchtanz [ist] ursprünglich ein alter Fruchtbarkeitsritus und erst sehr viel später zum solistischen, stark erotisch betonten Kunsttanz entwertet...« Warum »Fruchtbarkeit« edler als »Erotik« sein soll, kann ich nicht begreifen. Leider beugen sich auch viele Frauen dem Urteil aus wissenschaftlich-männlichem Munde. Überall wird die Gleichung »fruchtbar = edel – erotisch = suspekt« angewandt.

Frauen setzen ihre weibliche erotische Kraft selbst herab, indem sie den vergangenen Fruchtbarkeitskult überbewerten. Konsequenterweise müßten danach alle kinderlosen Frauen von diesem Tanz ausgeschlossen sein. Ebenso werden in der Weltliteratur hinreichend bekannte Frauengestalten wie Salome und Mardschāna, deren Tanzkunst Männer um das Leben brachte, von Frauen häufig voller Bewunderung zitiert. Manche Frauengruppen im Westen, die gern miteinander tanzen, unterscheiden sich daher von Zusammenkünften ihrer orientalischen Schwestern deutlich. Tanzen ohne Männer im arabischen Familienverband dient nicht dazu, um sich gegen die Männer feindselig abzugrenzen oder die eigene erotische Selbstverwirklichung zu zelebrieren. Männliche Zuschauer sind höchst willkommen, und wenn es auch bei bestimmten Gelegenheiten nur ein einzelner ist.

Viele rümpfen die Nase, wenn ich bei Veranstaltungen mitwirke, die »Unterhaltungscharakter« besitzen. Kunst, so stellen sich viele vor, könne nur auf harten Stühlen bewegungslos ohne Speis und Trank richtig geschätzt werden. Ich habe mich von dem Gegenteil schon häufig überzeugen lassen. Einmal tanzte ich vor einer überwiegend aus indischen Männern bestehenden Gesellschaft, welche die Erotik des Tanzes deutlich erwiderte. Die Inder tanzten mit mir mit und riefen mir ausgelassene, aber nicht unverschämte Komplimente zu. Spielerisch umwarben sie mich. Nach der Vorstellung bedankte sich der Gastgeber, indem er seine tiefe Wertschätzung für meine große Kunst im Namen aller aufs höflichste ausdrückte. Ich wurde an den Tisch gebeten, wo man mich wie einen hochgeschätzten Gast behandelte.

Ein persönliches Erlebnis

Wenn saudiarabische Prinzen Feste feiern, malen sich viele Leute in ihrer Phantasie ausschweifende Orgien aus, wobei die Bauchtänzerin nicht nur zum Tanzen eingeladen wird. Meinem für Licht und Ton zuständigen Show-Betreuer wurde es daher mulmig zumute, als ihm auf dem für ihn ersten arabischen Prominentenfest nach gründlicher Durchsuchung auf mögliche Waffen der Zutritt durch die flieder- und oleanderbewachsene Säulenhalle in den Garten verwehrt wurde, in den ich längst entschwunden war. Man bedeutete meinem Begleiter, er dürfe nämlich als Fremder auf keinen Fall einer der bildschönen Prinzessinnen gegenübertreten. Als Trost servierten ihm zwei Diener ein vortreffliches Mahl.

Unterdessen wurde ich zum Tisch von König Fahds engsten Verwandten, etwa vierzig Personen, geführt. Die jungen Prinzessinen umarmten mich herzlich und baten mich wispernd, beim Tanze ihren sechzehnjährigen Bruder ein wenig in Verlegenheit zu bringen. Eine Sängerin, ein Lauten- und ein Flötenspieler sowie der Trommler waren schon anwesend, und wir Künstler saßen wie selbstverständlich zwischen der Familie, als wären wir Angehörige. Es würde zu weit führen, die hochkultivierte Genußfreudigkeit der Araber beim Essen zu schildern, die unzähligen Messingtabletts mit den prachtvollen, traumhaft gewürzten Vorspeisen, das zarte frischgeschlachtete Lamm, die kunstvoll zubereiteten Süßigkeiten...

Das Fest dauerte vier Stunden, währenddessen die Sängerin zur Laute melancholische altarabische Lieder vortrug. Ausgelassen wurde die Stimmung während meines einstündigen Tanzes. Frauen wie Männer feuerten mich an. Zum Mittanzen waren alle nach dem üppigen Gelage zwar zu faul, geistig ließen sie jedoch spontan Lobliedern in Versform auf den Tanz freien Lauf. Als ich später gehen wollte, erhielt ich keinerlei »Angebote«, sondern diskret die Gage.

Ich habe eine Unzahl solcher Feste, nicht nur familiärer Art, erlebt. Da diese sehr geheimgehalten werden sollen, denn der Araber schätzt das öffentliche Breittreten seiner privaten Freuden nicht, ranken sich um sie allerlei märchenhafte Gerüchte, die jeglicher Grundlage entbehren. Wie dem auch sei, als Künstlerin zollt man der Tänzerin für ihre Darbietung Respekt, ob sie diesen für ihr Verhalten darüber hinaus verdient, steht auf einem ganz anderen Blatt und hat mit dem Tanz selbst nichts zu tun. Da in bestimmten arabischen Ländern Prostitution offiziell verboten ist und einige Frauen sich als Bauchtänzerinnen tarnen, um jenem Geschäft nachgehen zu können, begegnet man dort manchen Tänzerinnen ebenfalls mit Argwohn. Anerkannte Stars jedoch erfreuen sich größter Beliebtheit. Und auch in Europa, so stelle ich fest, widerfährt dieser Kunst in den letzten Jahren eine immer größere Wertschätzung. Alles in allem halte ich es mit der ägyptischen Lebenseinstellung, nämlich viel zu tanzen und wenig darüber zu reden. Erotik hin, Fruchtbarkeit her, die genießerische Lebensfreude, zu der die Alten Ägypter während ihrer jahrtausendelangen Geschichte wie kein anderes Volk fähig waren, sehne ich herbei.

»Greift zu Öl und Myrrhen, legt Kränze um den Hals. Euer Tisch sei voll guter Dinge, allerlei süßen Früchten... Berauschet euch Tag und Nacht, hört nicht auf. Seid froh ohne Kummer, während die Sängerinnen jubeln und tanzen, euch einen schönen Tag zu machen. Ja, feiert einen schönen Tag und ermattet nicht dabei. Denn seht, niemand nimmt seine Sachen mit, seht, keiner kehrt wieder, der fortgegangen ist...«

(Altägyptischer Sänger)

Tänzerische Botschaft

Viele Frauen im Westen haben sich mit Begeisterung dem Bauchtanz verschrieben, weil sie eine unbestimmte Sehnsucht nach orientalischer Lebensart verspüren, von der sie intuitiv eine große Bereicherung erahnen. Einige technisch sehr Begabte brauchen gleichwohl einige Zeit, um auch eine ganze Palette von Gefühlen in das Erlernte hineinzulegen. Meistens trauen sich diese Tänzerinnen einerseits nicht zu, sich in die absolute Ruhe eines langsam-dramatischen Flötenstücks fallen zu lassen, anderseits sich in ekstatischen Trommelsolos »aufzulösen«. Der Gefühlausdruck bleibt linear, tief innere Empfindungen werden hastig überspielt, heitere Ausgelassenheit wirkt manchmal gekünstelt oder gebremst.

Dagegen ist die amerikanische Tänzerin – grob vereinfacht gesprochen – eher in der Lage, Gefühle auszudrücken, allerdings eher effekthaschend, aufs Publikum bezogen. Das Wissen um die mögliche Laszivität der Bewegungen setzt eine Amerikanerin oft ungehemmter ein als eine Europäerin. Auffallend für mich als strenge Beobachterin ist aber, daß der Oberkörper dabei viel weicher fließt als der Unterkörper. Manche Tanzfiguren verkommen dabei ungewollt zur lächerlichen Pin-up-Pose, manche sind zwar ganz schön erotisch, aber dort, wo die Erotik wirklich ernst werden könnte, nämlich im Becken, ereignen sich stereotype, häufig recht steife Bewegungen. Allen westlichen Tänzerinnen gemeinsam ist die Angst vor Pausen. Dort wo die arabische Musik mit manchmal sekundenlangen Unterbrechungen dramatisch reizt, hetzt die Tänzerin hindurch, anstatt zu verweilen. Weder hält sie die Ruhe aus, noch den Sturm danach.

Die Ägypterin – natürlich nur im Idealfall, denn hier wie dort gibt es gute und schlechte Tänzerinnen – ist in Ausdruck und Technik ausgewogen. Sie besitzt eine ansehnliche Zahl perfekter Mosaiksteinchen (die typischen Bewegungen), die sie individuell nach ihrer Persönlichkeit, ihren Stimmungen und den jeweiligen Anlässen zu immer neuen kunstvollen Bildern gestaltet. Diese Tänzerin offenbart sich wie keine andere und ist gleichzeitig die geheimnisvollste. Als Zuschauerin können Sie den Tanz dann gut lernen, wenn Sie die von der Tänzerin ausgedrückten Gefühle auf sich wirken lassen und sich in ihnen wiedererkennen.

Die Musik

Vielen Europäern ist die arabische oder auch die türkische Musik zunächst ziemlich fremd. Sie ist so vielseitig, was Rhythmus, Art und Aufbau betrifft, daß jene, die ihre Monotonie beklagen, meist einfach nur zu wenig Vergleichsmöglichkeiten hatten. Vielleicht gibt es für Ihr Ohr zu ungewohnt klingende Instrumente, an die Sie sich vielleicht nie gewöhnen – dann meiden Sie einfach Stücke mit diesen Klängen. Häufig wird aus anfänglicher Abneigung aber eine um so intensivere Liebe. Die arabische Musik ist rhythmisch sehr abwechslungsreich, und das europäische Ohr sträubt sich deshalb dagegen, weil es den scheinbar unberechenbaren Wechsel nicht verträgt. Gewiß ist ein einfacher Rhythmus leichter zu erfassen, aber er ist eben auch viel langweiliger.

Für die ganz wenigen, die sich selbst nach langer Zeit nicht an die fremdländische Musik gewöhnen können, gibt es auch »verwestlichte« Orient-Musik. Diese muß qualitativ gar nicht einmal so schlecht sein. Entscheidend sind Ihr Bezug und Ihre individuelle Interpretationsfreude an einem Stück. Sperren Sie sich aber nie gegen ein Lied in der Annahme, unmusikalisch zu sein. Schulen Sie Ihr Gehör ein wenig, wenn Sie glauben, immer danebenzuliegen. Stellen Sie sich leichte Aufgaben: Versuchen Sie nur jeden tiefen Trommelschlag herauszuhören und mit der Hand nachzuschlagen; später setzen Sie mit dem Fuß auf und lassen gleichzeitig die Hüfte fallen. Als weiter Fortgeschrittene werden Sie Spaß an Zimbeln bekommen. Dies sind Fingerschellen, die einfache und schwierige Rhythmen effektvoll zum Tanz begleiten.

Hören Sie sich viel Musik an! Es gibt mittlerweile auf dem Plattenmarkt eine passable Auswahl an Tanzstücken. Interessant sind aber auch der klassische arabische Gesang, Meditationsmusik der Sufis und ähnliches. Aber bitte informieren Sie sich gründlich, und begehen Sie bei aller künstlerischen Freiheit nicht den Fehler, zu einem todernstem Lied fröhlich herumzuhüpfen.

16. Tag
Massage

Aktive Arbeit am Körper durch Bewegung einerseits, passive Pflege durch Massage andererseits sind das A und O eines ausgewogenen Schönheitsprinzips. Nach orientalischem Verständnis ist Massage während einer Badezeremonie etwas so Selbstverständliches, daß sie in den ausführlichen arabischen Medizintraktaten des Mittelalters bis hinein in die Neuzeit kaum erwähnt wurde. Europäischen Orientreisenden vergangener Jahrhunderte verdanken wir wenigstens einige Schilderungen:

> »...und dann, so kommt ein großer starcker Kerl, dieser, wenn er einen von fornen und von hinten an allen Gliedern wohl gerührt, und solcher Gestalt gezogen hat, daß einem die Bein krachen, so steigt er einem auf den Rücken, hält sich mit den Händen an den Schultern an, und rutschet mit gleichen Füßen auf den Lenden herum, nicht anders, als ob er sie einem entzwey brechen wollte. Danach wendet er einen wieder auf den Rücken um, und fangt abermals an alle Glieder zu dehnen und zu ziehen, wie zuvor, sonders daß er einem sehr oder etwas wehe thut.« *(Briemle 1729)*

Jenen Reisenden, die nicht ohne Angst und Skepsis eine derartige »Prozedur« über sich ergehen ließen, fehlten häufig das Vertrauen in die geschickten und erfahrenen Masseure und die Fähigkeit, den eigenen Körper zu seinem Besten jemand anderem zu überlassen.

Mal verschreckt, mal positiv überrascht, hielten die Berichterstatter die Sensation der orientalischen Massage dem Lesepublikum auf keinen Fall vor. Aber auch heute erzählen mir viele, wie sie mit kreuzritterlicher Tapferkeit die Mutprobe der muselmanischen Massagefolter überwanden. Leider spielt die Massage in der westlichen Welt auch heute noch eine untergeordnete Rolle. Zwar sind medizinische Bäder und Institute ohne Massagepraxen auch hier seit Mitte des letzten Jahrhunderts undenkbar, der therapeutische Wert wird aber nur bei greifbaren körperlichen Beschwerden anerkannt. So verschreibt zwar der Arzt einem massiv unter Wirbelsäulenschmerzen leidenden Patienten Massagen – doch gerade in diesem Bereich setzen neuerdings die Krankenkassen Sparmaßnahmen durch. Ein relativ beschwerdefreier Durchschnittsmensch kommt aber nur äußerst selten in den auch für ihn äußerst wichtigen Nutzen regelmäßiger Massagen. Bis heute gehören Masseure zum unumgänglichen Badepersonal eines Hammams (26. Tag). Das Entgelt ist selbst für einfache Leute erschwinglich, zumindest wird auch bei einem dünnen Geldbeutel nicht daran gespart.

Der Grund für die weitverbreitete Massageunlust der Europäer scheint klar: Sie haben generell mehr Angst vor Berührungen als Orientalen. Mit Lächeln oder gar mit Abscheu kommentieren Touristen in arabischen Ländern die Gewohnheit vieler Männer, Arm in Arm spazierzugehen und sich bei der Begrüßung zu umarmen. Und immer noch ist vielen das vertraute Streicheln zwischen Freundinnen suspekt. Im europäischen Denken scheint es nur wenige Arten von Berührungen zu geben: meistens unumgängliche oder ritualisierte, wie z. B. das Händeschütteln, medizinische Untersuchungen oder sexuelle Aktivitäten.

Selbst Kinder werden nicht vorbehaltlos geherzt. Ganz anders verhält sich das in Ägypten: Ich erinnere mich gut, als ich vor Jahren mit meiner ausgesprochen süßen sechsjährigen Nichte eine chaotische Straßenkreuzung in Kairo überqueren wollte. Der den Verkehr regelnde Polizist hielt plötzlich inne und ging mit so eiligen wichtigen Schritten auf mich zu, daß ich heftig erschrak. Er beachtete mich jedoch gar nicht, sondern hob meine Nichte hoch, küßte sie heftig und gab ihr ein Bonbon, während der Verkehr völlig zusammenbrach. Dann schlenderte er seelenruhig an seinen Platz zurück, um Beinahe-Zusammenstöße zu ordnen und hupende Fahrer zu besänftigen.

Körperliche Nähe, untrennbar mit Geborgenheit, menschlicher Wärme und Trost verbunden, ist in Europa mit wesentlich undurchsichtigeren Tabus belegt als in manchen prüden islamischen Ländern.

Barrieren

Wen wundert es, daß in Europa viele Physiotherapeuten die Ängstlichkeit und Verkrampfung vieler Patienten beklagen, die sich ihrerseits nach der Massage nicht wohl fühlen. Denn auch auf der Massageliege gilt es fälschlicherweise, »Haltung zu bewahren«. Die Furcht, es könne einem ein wohliger Seufzer unter der Hand eines Fremden entweichen, ist für viele so groß, daß sie ihren Körper unwillkürlich in einer Abwehrstellung verhärten – eine Reaktion also, die nur bei unmittelbarer Gefahr durch einen brutalen Feind biologisch sinnvoll ist. Diese Panzerbildung läuft dann unglücklicherweise auch im sexuellen Bereich ab: Frauen gleichermaßen wie Männer werden auch hier Schwierigkeiten haben, sich richtig fallenzulassen.

Sind wir uns dieses Verhaltens bewußt, so werden wir es bald abbauen und eine wesentliche Schleuse, die unser Denken, Fühlen und Genießen blockiert hat, weit öffnen.

Massage, Tanz und Schönheit

Beim klassischen Bauchtanz gibt es strenggenommen nur Bewegungen, die zur Lockerung des Körpers führen, Belastungen der Wirbelsäule beheben usw. Eine Tänzerin sucht daher in der Massage nicht die Fehlleistungen ihrer »Sportart« auszugleichen. Natürlich hat auch die geschmeidigste Tänzerin ihre persönlichen Schwächen, z. B. Körperstellen, die zur Verkrampfung neigen, oder sie bekommt Muskelkater durch Überanstrengung. In diesen Fällen ist es sowieso sehr wichtig, das Überangebot an Aktivität im Körper in Passivität und Entspannung umzuwandeln.

Für eine orientalische Tänzerin gehört jene Wohltat aber deshalb so selbstverständlich wie die regelmäßige Bewegung zum Leben, weil die Massage folgende Bedeutungen hat:

1. Sie ist der passive Gegenpol zur aktiven Bewegung.
2. Sie bildet den Gradmesser, inwieweit und an welchen Stellen man körperlich und seelisch wirklich locker ist.
3. Sie stellt ein ideales Partnerschaftstraining dar, und zwar sowohl für den Massierten als auch für den Massierenden: Der Massierte oder Empfangende merkt schnell, wo und in welcher Weise er sich gegen den Partner sträubt, er ist mit seinen Berührungsängsten deutlich konfrontiert; der Massierende oder »Gebende« kann mit mechanischen Griffen ohne Einfühlungsvermögen bei dem in seiner Art einzigen Menschen, den er behandelt, nichts ausrichten.

Bei einem idealen Zusammenspiel der Partner wird dem Massierenden seine Arbeit niemals anstrengend erscheinen. Er wird ausatmen, wenn er mit Druck seine Kraft dem Partner gibt, er nimmt automatisch keine gekrümmte Körperhaltung ein, er läßt seinen Körper locker und läßt die ganze Energie in die Hände fließen. Nach einer solchen Massage sind beide Teilnehmer zufrieden und ausgeglichen.

4. Konkrete körperliche Vorteile für Schönheit und Gesundheit zeigen sich ferner darin, daß Schlacken gründlich abtransportiert werden, die von der Bewegung allein noch nicht ausgeschieden worden sind, daß das Gewebe gefestigt und entwässert, die Haut durchblutet, Gesichts- und Körperausdruck natürlich und weich werden.

Massagetechniken

Aus Kneten, Drücken, Reiben, Streichen, Klopfen und ähnlichen Bewegungen bestehen die Hauptgriffe, mit denen der Masseur mal tiefer gehend, mal mehr an der Oberfläche Ihren Körper bearbeitet. Nach einigen Massagen entwickeln Sie selber ein Gespür für das, was Ihnen gut tut, und Sie werden selbst sagen, wie und wo es Ihnen am angenehmsten ist. Als nächstes leisten Sie sich eine Gesichtskosmetik-Behandlung bei einer den Naturverfahren aufgeschlossenen Kosmetikerin. Auch hierbei werden Sie überrascht feststellen, welche überaus wohltuenden Möglichkeiten sich, insbesondere bei der Akupressur, bieten. Gerade die Gesichtsmassage gehört noch viel zu selten in unseren »Hausgebrauch«.

Shiatsu und Reflexzonenmassage basieren auf in der Gegenwart weiterentwickelten, uralten Massage-Techniken, die nicht nur die Reparatur der kaputten »Körpermaschine« zum Ziel haben, sondern darüber hinaus die Harmonisierung von Energien. Ein schönes Wandgemälde, das uns das Alter dieser Methoden zeigt, ist uns in Saqqara (Ägypten, aus der Zeit um 2330 v. Chr.) erhalten, auf dem eine Fuß- und eine Handreflexzonenmassage abgebildet sind.

Ihre neuen Erfahrungen tauschen Sie am besten mit einer Freundin aus. Eine fundamentale Voraussetzung für die Wirksamkeit von Schönheitspräparaten besteht für mich darin, sich diese häufig von jemand anderem auftragen zu lassen. Sie werden feststellen, daß die Hilfeleistung, die Sie selbst jemand anderem geben, viel weniger anstrengend ist, als sich selbst zu pflegen. (Der Sultan wußte früher schon, warum er sich von seinen Frauen die Haare waschen und die Füße salben ließ.) Noch heute unterstützen sich Orientalinnen allen Alters und jeder Schicht bei der Körperpflege gegenseitig. Einsame, langwierige Torturen, bei denen man erst »den inneren Schweinehund überwinden« muß, erübrigen sich dann von selbst.

Denken Sie um: Bitten Sie ruhig mal eine Kollegin am Arbeitsplatz, Ihnen fünf Minuten zwischendurch die steifen Schultern zu massieren. Mein Wunsch wäre, daß jeder Mensch sich ein paar einfache Massagegriffe aneignet. Es macht große Freude, zusammen mit Freundinnen und Partnern einen Massagekurs zu besuchen. So lernen Sie Ihren Körper auf die schönste Weise kennen.

Die passiven Bewegungen

Zum Fundament einer gründlichen Ausbildung zur Tänzerin gehören die passiven Bewegungen. Durch sie sollen an den Stellen Barrieren abgebaut werden, an denen der aktive Wille nichts ausrichtet. Dieser soll vielmehr völlig abschalten, die Bewegungen werden in die Hände des Partners gelegt, der mit Ihnen eine Reihe von Dehn- und Gelenkigkeitsübungen durchführt.

Sehnen und Bänder, die die Gelenke stützen, werden dadurch belebt, der Bewegungsradius wird vergrößert, »Gelenkschmiere« erzeugt. Das Gelenk lernt sozusagen, sich dann auch bei aktiver Bewegung richtig zu verhalten.

Legen Sie sich also auf den Rücken, und strecken Sie Arme und Beine von sich. Während für andere Massagetechniken vielleicht die Anschaffung einer verstellbaren Liege lohnt, können Sie hierbei gut auf dem Boden arbeiten.

Im folgenden bezeichnet »G« den »aktiv Gebenden« und »E« den »passiv Empfangenden«.

Massage

Übung 65:
Nackenmassage

G hockt sich hinter E und hebt mit beiden Händen dessen Kopf an (siehe Abb. 22). E darf nicht »mithelfen«! Der Kopf von E muß schwer in den Händen von G liegen. Nun hält G den Kopf nur mit der rechten Hand, während die linke mit Mittel- und Zeigefinger sanft den Nacken hochstreicht. Im fließenden Wechsel hält dann die linke Hand den Kopf wie in einer Schale, und die rechte Hand massiert.

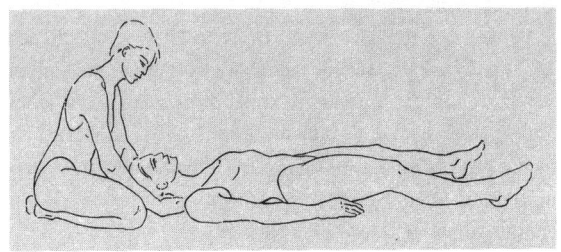

22

G legt den Kopf wieder auf die Erde. E braucht nicht zu fürchten, daß G ihn fallen läßt.

Übung 66:
Armkreisen

G hebt den Unterarm von E hoch, dessen Hand und Oberarm lose durchhängen. G schüttelt nun leicht den Arm von E, legt ihn wieder ab und führt ihn im Bogen seitlich nach oben und wieder zurück.

Immer noch den Unterarm mit einer Hand greifend, faßt G jetzt mit der anderen Hand die Hand von E und kreist sie mal in die eine, mal in die andere Richtung. Nun läßt G die Hand von E los und ergreift dessen Oberarm. In seinen Händen ruhen also der Unter- und der Oberarm von E. Wie an einem Seil, aber viel sanfter, zieht G den Arm von E zur Seite. Abwechselnd streckt G den Unter- und den Oberarm. Wichtig: Man darf immer nur einen sanften Zug ausüben, dann wieder nachgeben und alles ein- bis zweimal wiederholen. Keinesfalls darf man, wozu man mitunter gedankenlos neigt, »federn«. Dies ist auch bei den aktiven Streckübungen nicht empfehlenswert. Nach diesem Grundprinzip kann G selbst zahllose weitere Möglichkeiten entwickeln.

Beispielsweise könnte er den Unterarm von E aus dem Ellenbogen heraus bewegen oder an den Fingern einzeln ziehen.

Ähnlich wie bei den Armen und Händen geht G auch mit den Beinen und Füßen um. E hat die Beine parallel ausgestreckt. G umfaßt mit beiden Händen dessen beide Beine an den Fesseln, also noch oberhalb der Fußgelenke. Nun zieht G gleichzeitig an beiden Beinen, dann abwechselnd nur an einem. Natürlich informiert E ab und zu G darüber, wie stark der Zug sein darf und was besonders wohltut.

Übung 67:
Beine strecken

E dreht sich jetzt auf den Bauch, die Hände unter der Stirn. In dieser Lage hebt G die geschlossenen Beine von E gleichzeitig so hoch, wie E es noch als angenehm empfindet. Er legt sie wieder ab. G beugt einzeln die Unterschenkel, so daß im besten Fall die Füße am Po liegen, eventuell hebt er noch die Oberschenkel an.

Übung 68:
Beine heben und beugen

E liegt immer noch auf dem Bauch. G sitzt auf seinen Oberschenkeln, oder falls dies als nicht angenehm empfunden wird, steht G breitbeinig neben dessen Beinen. G umfaßt die Unterarme von E nahe der Handgelenke und zieht die Arme langsam und vorsichtig nach hinten, so daß sich Kopf und Oberkörper wie von selbst aufrichten. E atmet dabei ein und biegt den Kopf weit in den Nacken. An der Dehnungsgrenze verharrt E und atmet aus, wodurch eine weitere leichte Dehnungssteigerung möglich wird. Die Übung vollzieht die Yoga-Figur der »Kobra« nach.

Übung 69:
Die Kobra

G nimmt wieder langsam die Spannung zurück. Der Oberkörper von E gleitet schlangenartig auf den Boden zurück, während der Kopf bis zum Schluß im Nacken zurückgebogen bleibt und sich endlich auch sanft auf den Boden legt.

Im Bildteil zwischen den Seiten 176 und 177 sehen Sie, wie eine Kursteilnehmerin mir diese Übung abnimmt.

**Übung 70:
Schultergelenke
entlasten**

Sind wir mehrere, so genießt abwechselnd eine den Luxus von zwei »Dienerinnen«. Bei der folgenden Übung werden die Schultergelenke entlastet.

E sitzt im Schneidersitz mit geradem Rücken. Die beiden Helferinnen ziehen nun jeweils einen Arm zur Seite, wobei sie E ähnlich wie in Übung 66 an Ober- und Unterarm greifen.

**Variation
zu Übung 70**

Wenn sich die Gelegenheit bietet, bekommt E die Arbeit auch einmal von vier (!) Leuten abgenommen: Diese beschäftigen dann gleichzeitig Arme und Beine mit denselben Übungen.

17. Tag
Körperhygiene

Körperhygiene wird in arabischen Ländern großgeschrieben.

Sengende Hitze und Staub in manchen Regionen sind hierfür eine Herausforderung, die das Frischbleiben gar nicht so einfach macht. Das islamische Gebot, sich fünfmal täglich, nämlich vor den Gebeten, gründlich zu waschen, haben auch weniger Fromme verinnerlicht.

Alle Hygienemaßnahmen stellen die Verschmelzung einer geistig-religiösen Vorschrift mit einer durchaus alltäglichen körperlichen Notwendigkeit dar. Die »rituellen Waschungen« sind keine erstarrten Rituale, sondern feierliche Miteinbeziehung des Körpers in das geistige Erleben.

Deshalb fesselt mich der Anblick des müden Straßenbauarbeiters, der seine gekrümmten Füße in dem filigrangemeißelten Brunnen vor der Moschee hingebungsvoll wäscht – mit einem tiefen Ausdruck der Zufriedenheit im Gesicht.

Zahnpflege

Lange vor Erfindung der Zahnpasta waren schon im Orient das Entfernen von Speiseresten in den engen Zahnzwischenräumen mit einem feinen Zahnstocher (miswāh) und das Spülen des Mundes mit Wasser nach jeder Mahlzeit obligat. »Zahnseide« ersetzt den »miswāh« hervorragend.

Da nicht in allen Situationen Zahnbürste und Zahnpasta vorhanden sind, sollte man wenigstens nicht auf das Ausspülen verzichten, weil sich schon allein dadurch ein Großteil zersetzender Bakterien nicht auf den Zähnen ansiedeln kann.

Die Toilette

Abfällig, meistens jedoch sensationsheischend erzählen manche Orienturlauber, wie sie an manchen entlegenen Ausflugsstätten ein Plumpsklo angetroffen haben, bei dem man sich in die Hocke habe begeben müssen. Für mich sind diese Toiletten leider nur noch nostalgische Erinnerung, denn in den meisten Haushalten Kairos findet man heute die modernen, auch in Europa üblichen Vorrichtungen mit Brille und erhöhtem Sitz. »Bedürfnisse« in der Hocke zu verrichten ist aber anatomisch viel gesünder. Der Druck auf den Enddarm ist stärker, die Fähigkeit zu pressen verkümmert nicht, Verstopfung ist selten. Das Unvermögen, bequem zu hocken, ist in vielerlei Hinsicht ein bedauerlicher Nachteil. Diese Stellung ist nämlich die urmenschliche Art zu sitzen – vor Erfindung der Stühle, bei denen Ihr Blutkreislauf in den Beinen versackt. Wie anmutig Sitzen in der Hocke ist, können Sie heute noch überall in Indien betrachten: Die Menschen verrichten fast alle Tätigkeiten auf dem Boden; das ermöglicht die Elastizität der Beine und des Beckenbodens.

Doch zurück zur Toilette. Egal wie Sie die hygienischen Verhältnisse vorfinden, in allen islamischen Ländern, wo die Reinigung vor dem Gebet zur religiösen Pflicht gehört, gibt es in der Toilette ein Wasserrohr, um sich mit frischem Wasser zu reinigen, wo der Europäer nur Papier benutzt. Das Toilettenpapier hat nur noch die Aufgabe zu trocknen, anstatt zu verschmieren.

In weniger modernen Haushalten, wie z. B. auf dem Land, steht ein kleiner wassergefüllter Tonkrug bereit. Mit der

Der Schleier – urweibliches Attribut von Verführung und Geheimnis.

Der Tanz auf den Knien soll der Überlieferung zufolge in niedrigen Beduinenzelten entstanden sein. Die stolze Tänzerin wirkt auch in dieser Position »erhaben«.

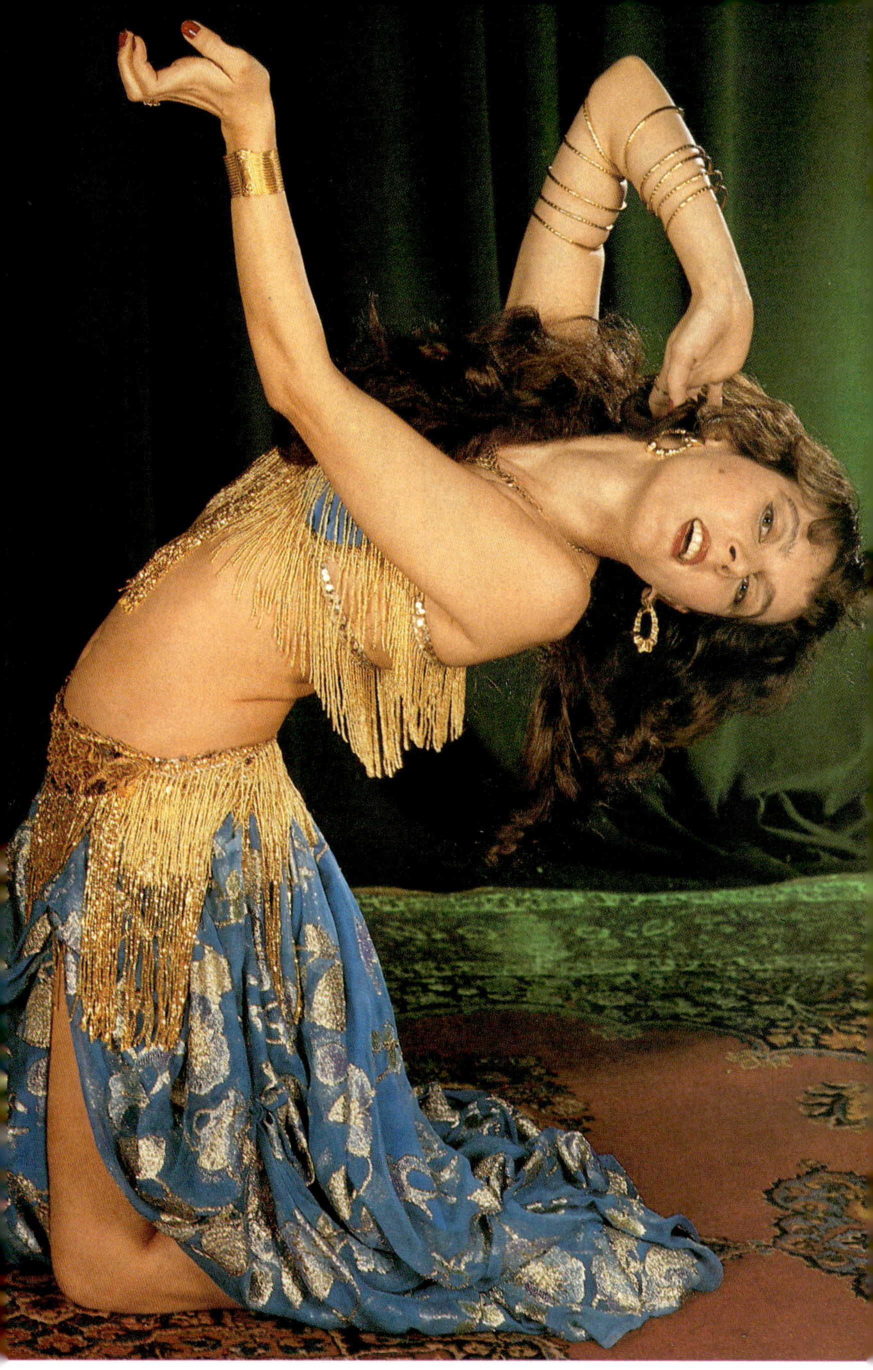

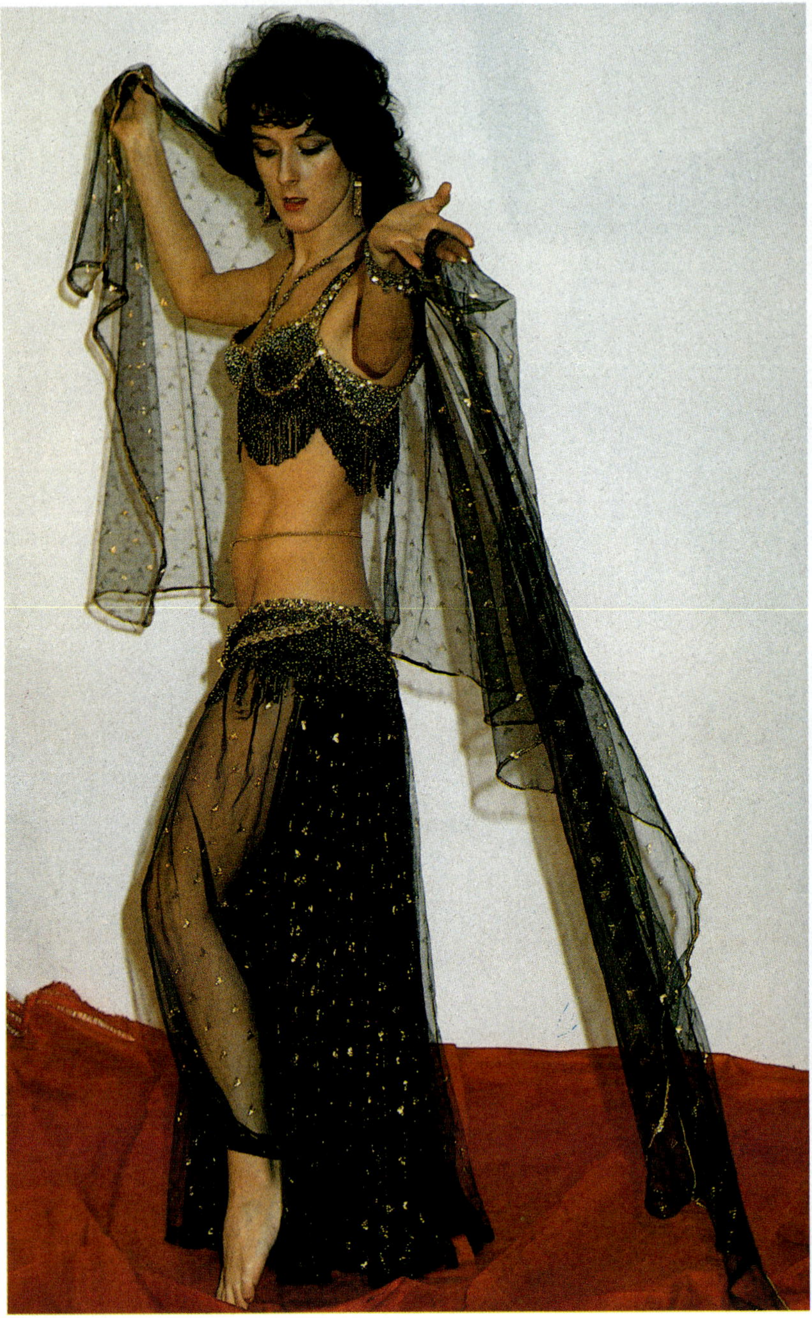

rechten Hand gießt man das Wasser aus, mit der linken hilft man bei der Säuberung eventuell etwas nach. Diese Hand wird danach ebenfalls gründlich gespült. Es ist also nicht zu befürchten, daß der Vorgänger den Tonkrug in irgendeiner Weise verschmutzt hätte.

Die Achtung vor der Sauberkeit einer Speise ist wohl auch der Hintergrund für die Benimm-Regel, nur mit der rechten Hand zu essen. Falls Beduinen in der Wüste tagelang kein Wasser vorfinden, so gewährleistet das Tabu der linken Hand dennoch reine Mahlzeiten. Als gar nicht einmal schlechtes Reinigungsmittel fungiert in diesem Fall der Sand.

Ich persönlich empfehle den Einbau jenes kleinen Wasserzulaufes auch in europäische sanitäre Anlagen. Das Frischegefühl werden Sie nicht mehr missen wollen. Stilvoller ist aber der Tonkrug anstelle des Rohres. Man kann in diesem Fall nämlich wohlriechendes kostbares Wasser verwenden:

Auf einen Liter Wasser fünf Tropfen ätherisches Myrtenöl mit einem Teelöffel Honig geben. Auch echtes Rosenwasser aus der Apotheke ist sehr edel, nur ein wenig kostspielig. **Toilettenwasser**

Haarentfernung

Als ein selbstverständliches Hygiene- und Schönheitserfordernis gilt die Entfernung der Achsel- und Schamhaare.

Diese Gepflogenheit finden wir schon in pharaonischen Zeiten vor. Damals schor man sich mitunter sogar das Haupthaar zu einer Glatze, um zu besonderen Gelegenheiten (die gab es bei den lebensfrohen Ägyptern allerdings häufig) prachtvoll geschmückte Perücken zu tragen. In Anbetracht der sengenden Hitze von Theben war es bestimmt nicht unangenehm, all seiner Haare ledig zu sein, auch wenn ich Ihnen diesen »Schönheitsrat« nicht zumuten möchte.

Auf die Achselhaare verzichten heute sowieso viele Frauen, einmal aus optischen, zum anderen aus hygienischen Gründen: Ausdünstungen verkleben leicht die Haare, und die Oberfläche, die für die Ausbreitung der Achselschweißbakterien zur Verfügung steht, vergrößert sich enorm. Unseren Kopf waschen und pflegen wir einigermaßen, aber das Achselhaar wird leider von vielen vernachlässigt. Dessen einzig sinnvolle Aufgabe könnte allenfalls darin liegen, schädliche Deosprays von der Haut fernzuhalten.

Ähnliche Fragen tun sich bei der Schambehaarung auf. So skeptisch alle westlichen Frauen in diesem Punkt sind, so wenig können es die Orientalen glauben, daß eine Frau nicht »unten ohne« trägt. Trotz Waschen mit klarem Wasser fürchten die islamischen Frauen, daß feinste Spuren von Körperausscheidungen an den Härchen haften bleiben. Immerhin empfiehlt auch mein deutscher Frauenarzt seinen Patientinnen, zumindest im Sommer sowie bei Pilz- und ähnlichen Erkrankungen radikal das Schamhaar zu kürzen.

Auch die ästhetischen Motive dieser Angelegenheit sind interessant. Sie werden staunen, welch zarte Haut sich unter den Schamhaaren verbirgt, welchen harmonischen Schwung das Schambein plötzlich offenbart. Und das sollen wir alles verstecken? Gefällt es Ihnen nicht mehr – Sie können es mühelos in kurzer Zeit wieder nachwachsen lassen.

Praktische Rasur

Natürlich wissen die Araberinnen etliche Rezepte zur Entfernung der Körperhaare. Am bekanntesten ist den europäischen Reisenden das »Rusma«, eine Salbe, die ungelöschten Kalk enthielt, leider hin und wieder aber auch giftiges Arsensulfid. Sie ist als einziges Mittel nicht zu empfehlen.

Salben, hauptsächlich aus Coloquinten-Fett (šahm al hanzal) bestehend, sowie das heute am meisten gebrauchte »Halawa«, eine eingekochte Zuckermasse, sind unschädlich und reizen die Haut bei kurzer schmerzvoller Anwendung nicht, sondern machen sie im Gegenteil sehr zart. Die im kalten Zustand zähflüssige Halawa wird mit warmen Händen weichgeknetet und auf die fettfreien Körperstellen aufgedrückt. Längere Härchen muß man vorher mit der Schere kürzen. Während des erträglichen schmerzhaften Rucks spannt man die Haut, wenn möglich, ein wenig zwischen zwei Fingern. Bei dieser Behandlung werden die Haare bis weit unter die Haut ausgerissen, so daß es einige Zeit dauert, ehe die nachwachsenden Spitzen die Haut wieder durchdringen. Dann aber währt ein eventuell kratziges »Stoppelbartgefühl« höchstens einen Tag, denn sowie die Härchen auch nur einen Millimeter lang sind, fühlen sie sich wie ganz normaler Haarwuchs an. Die Annahme, dieser würde durch Rasur kräftiger wachsen, ist erwiesenermaßen falsch.

Manche Ägypterinnen machen mit Halawa sogar zartem Flaum am ganzen Körper den Garaus, der mitunter dann ganz oder sehr lange ausbleibt.

Regelmäßige Rasur schadet der Haut nicht, sondern wirkt eher wie ein Peeling. Ist die Haut danach doch ein wenig gereizt oder will man sie einfach noch (!) zarter pflegen, trägt man folgende Maske auf:

Maske »Daqīq«: Eine Handvoll gemahlener Hirse, Reis, Weizen, Gerste, Saubohnen oder Kirchererbsen mit leicht angewärmtem Rosenwasser und/oder Myrtenwasser eine halbe Stunde quellen lassen, dann eventuell noch Flüssigkeit zugeben, bis die Konsistenz einer Paste erreicht ist. Nach einer Weile wäscht man die Maske mit Weinessig oder Rosenwasser herunter.

Als Kind des 20. Jahrhunderts mache ich manchmal auch Zugeständnisse an äußerst praktische Errungenschaften der Technik. Epilationsapparate, die bis unter die Haut wirken, sind schnell und unkompliziert auch von Anfängern zu verwenden. Besorgen Sie sich aber in Ihrem nächsten Urlaub das Halawa, oder lassen Sie sich in einem Hammam von einer Badefrau damit sachgemäß behandeln.

18. Tag
Von Stoffen, Kleidern und Farben

Ich befürworte eindeutig den Schleier – allerdings den durchsichtigen. Einen Hauch von Gaze trüge ich gerne vor dem Gesicht, einmal als Weichzeichner für harte Konturen, zum anderen als höchst nützlichen Filter gegen den Großstadtschmutz – allein mir fehlt in Europa der Modemut. Im Winter bei klirrender Kälte sehe ich jedoch immer häufiger Frauen mit dekorativ zu Schleiern gewundenen Schals bis über die Nase. Sie tun gut daran, denn sie schützen auf diese Weise ihre Haut am effektivsten: Kein wärmender Puder, keine noch so fetthaltige Creme kommt dagegen an.

Ob Röcke, Ärmel oder Schultern aus transparentem Material oder nur hier und da ein überraschender Einblick – solche Kleider bieten unendliche erotische Reize. Durchschimmernde Stoffe aus Seide, Chiffon, Baumwollmusselin – das Gewebe mal dichter, mal feiner –, Netz und Spitze, gekräuselt, plissiert oder glatt erlauben auch Körperteile vorteilhaft zu betonen, die sie sonst lieber verstecken. Breitere Oberschenkel wirken hinter Chiffon längst nicht mehr so massig, Cellulite wird unsichtbar. Ebenso zwingen dicke Oberarme, ein knochiges oder faltiges Dekolleté Sie nicht, ständig Hochgeschlossenes wie eine Nonne zu tragen. Arabische Frauen ärgern sich über solche »Schönheitsmakel« wesentlich seltener, ist doch nur etwas Kreativität vonnöten, um von ihnen abzulenken.

In diesem Zusammenhang ist übrigens interessant, daß der Prophet Mohammed die Entblößung weiblicher Reize im männlichen Familienkreis nicht generell verurteilt hat. Die Integrität der Frauen in der Familie ermöglicht es, daß sie sich frei und ungezwungen vor ihren Gatten, Söhnen, Vettern, Brüdern, ja selbst vor ihren Dienstboten, kurz: allen zum Hausverband gehörenden Männern bewegen können.

Touristinnen in leichter Kleidung erregen häufig weit weniger Anstoß wegen ihrer Nacktheit als vielmehr wegen schockierender »nackter Tatsachen«, die sich in greller Sonne besonders deutlich, mitunter abstoßend, offenbaren. Niemand ist vollkommen. Doch wer meint, in Shorts und engem T-Shirt weniger schwitzen zu müssen, sollte es mal mit einem weiten, duftigen Kleid versuchen.

Besitzen Sie eine Figur, an der es nichts zu kaschieren gibt, so heben Sie auch diese mit Transparenz überaus positiv hervor. Als Anfängerin im Schneidern versuchen Sie sich zunächst an einer Pluderhose. Schon Mohammeds Lieblingsfrau Aischa trug diese Beinkleider aus feuerrotem Gaze, die auch in Europa zum Klassiker werden dürften.

Sicher hatte Aischa ihre Stoffe auch mit Safran gefärbt. Testen Sie mit einem kleinen Tüchlein zunächst, welch herrliche Gelbtönungen mit Safran möglich sind.

Kleider färben mit Safran

In einer Schüssel drei Päckchen Safranfäden (nicht das Pulver) mit kochendem Wasser übergießen, nach fünfzehn Minuten die Fäden durch ein Sieb abseien und den Stoff hineingeben. Je nach Wassermenge und Einweichzeit ergibt sich eine zarte Tönung bis hin zu einem leuchtenden Orange.

Damit der Stoff nicht verheddert und unregelmäßig die Farbe annimmt, sollte das Wassergefäß ausreichend groß sein. Öfter mit einem Holzlöffel umrühren.

Als nächstes tönen Sie vielleicht weiße Bettwäsche. Sie sieht wunderbar aus, verströmt einen feinen, kostbaren Duft und wirkt sich obendrein wegen der an die Bettwäsche abgegebenen heilkräftigen Stoffe des Safrans günstig auf die Haut aus. In solches Linnen legte sich früher die vornehme Araberin mit ihrer nach Moschus und Ambra duftenden Nachtwäsche...

Stoffe wie ein Hauch! Unterschätzen Sie nicht, daß sie etwas zum Ansehen und zum Anfassen bzw. »Anfühlen« sind. Wenn wir unsere Körperhaut pflegen, auf daß sie sich »wie Samt und Seide« anfühlt, so sollte unsere zweite Haut, die Kleidung, demselben Anspruch genügen.

Ob Damast aus Damaskus, Musselin aus Mossul in Nordmesopotamien, feinste Dylag-Seide, schwere Goldbrokate aus Damiette, Atlas (arab. »glatt«), Gaze aus Tianys, den man noch heute unter dem Namen »sharb« findet: Frauen wie Männer legen heute wie früher im Orient höchsten Wert auf die Schönheit der Stoffe – eine Selbstverständlichkeit, wenn man eine für sinnliche Reize empfängliche Haut besitzt.

Eine saudische Prinzessin, die ich in München zum Einkaufen begleitete, sah sich nur nach teuerster Mode um. Die ausgewählten Stücke, von hoher Qualität, unterzog sie selbst jedoch noch einer eingehenden Prüfung, indem sie die Stoffe betastete, in den Fingern kräuselte, von allen Seiten wandte und gegen das Licht hielt. Hierbei unterschied sie sich kaum vom oberägyptischen Bauern, der mehr mit dem Tuch seiner Festtags-Galabeja prahlt als mit seinem Schneider.

Parfümierte Wäsche

Es ist nicht jedermanns Geschmack, Wäsche zu parfümieren. Indes sind fast alle Waschmittel und besonders die völlig überflüssigen Weichspüler mit undefinierbaren absonderlichen Duftnoten versehen, weil offensichtlich viele der Meinung sind, Gewaschenes müsse so riechen. Der Trend zu bewußterem Konsum hat zum Glück einige unparfümierte Waschmittel auf den Markt gebracht, so daß die durch frische Luft, Sonne und Wind getrocknete Wäsche einen natürlichen Duft verbreitet.

In der Lauge von etwas aufgelöster Kernseife waschen heute viele ägyptische Hausfrauen nahezu alles. In Deutschland gibt es biologisch abbaubare Flüssigwaschmittel auf Seifenbasis, die diesen Zweck noch besser erfüllen. Die Parfümierung mit natürlichen Pflanzenaromen ist schon eine edlere Angelegenheit. Vielerorts üblich sind Wäschetruhen aus Zedernholz, das zwar nicht mehr von den sagenhaften Libanon-Zedern stammt, sondern von anderen Koniferen, aber nichtsdestotrotz ein tiefes, rassiges Holzaroma sachte verströmt, ähnlich wie Kleiderschränke aus würzignussigem Zypressenholz, die ich in manchen türkischen Haushalten bewundere. Einen überaus praktischen Nutzen bergen diese Möbel zudem: Sämtliche Motten oder anderes Geziefer machen einen großen Bogen darum.

Die Blätter der Patchouli-Pflanze füllt man in Indien in kleine Stoffbeutelchen und steckt sie als Duftkissen besonders gerne zwischen Bettdecken. Wenn man, von anderen Heilwirkungen ganz abgesehen, um die aphrodisischen Eigenschaften des Patchoulis weiß, ist das ein hübscher Brauch.

All diese Wohlgerüche führen keineswegs zu einem unverdaulichen Parfümgemisch, sondern geben im Gegenteil stets neue harmonische Kompositionen, welche die Nase zum anspruchsvollen Feinschmecker erziehen.

Die Grundregeln für die gelungene Parfümierung von Wäsche sind:

1. Das Waschen und Trocknen erfolgt immer »geruchlos«.
2. Die gut getrockneten und gelüfteten Teile nur in Umgebung reinster, natürlicher Duftsubstanzen aufbewahren.
3. Die Intensität der Duftstoffe darf nicht unterschätzt werden, man sollte sie daher vorsichtig verwenden.
4. Geeignete Duftspender sind auch leere Flakons ätherischer Öle oder deren Parfümmischungen.

Farbenpracht

Eigentlich ist es sehr praktisch: Jede Saison werden neue Modefarben auf den Markt geworfen. Wir wählen unter höchstens zehn Möglichkeiten und kombinieren blind Rot mit Rot, Blau mit Blau, und der neongelbe Pullover beißt sich nicht mit den quittegelben Lackschuhen, denn keine Chemiefarbe verfügt mehr über viele Abstufungen.

Der Umgang mit Farbe ist erschreckend einfach geworden. Stellen wir uns einmal alle möglichen Lila-Töne vor. Es sind mehr, als Sie im Stoffgeschäft finden können, aber noch weit weniger, als es tatsächlich geben könnte. Wie schade! Denn auch der Farbton der Haut ist nie absolut gleich. Berücksichtigt man noch die Haut in Verbindung mit der Augen- und schließlich der Haarfarbe, ergeben sich unendliche verschiedene Möglichkeiten. So betrachtet, sind die stereotypen Chemiefarben keinesfalls ausreichend, um jeden Typ optimal zu unterstreichen. Dennoch helfen ein paar einfache Ratschläge in bezug auf den richtigen Umgang mit Farben weiter.

Die folgenden Tips gab mir ein marokkanischer Stoffhändler:

1. Man sollte jeden Stoff und jedes Kleid in den Lichtverhältnissen betrachten, in welchen sie auch tatsächlich getragen werden.
2. Hören Sie sich die Ratschläge anderer, welche Farben Ihnen stehen, bereitwillig an, aber verlassen Sie sich letztlich auf Ihren eigenen Instinkt. Nicht ohne Grund mögen Sie bestimmte Farben besonders gern. Greifen Sie aber nicht zu unscheinbaren Braun- und Grautönen, so attraktiv diese manchmal sein können, allein aus dem Grund, daß man »in einem gewissen Alter« nur Unauffälliges tragen könne. Araberinnen kleiden sich auch im fortgeschrittenen Alter noch farbenprächtig, und es steht ihnen gut. Etwas ältere und müdere Haut wird durch frische Farben um Jahre verjüngt.

3. Die Abstimmung auf Haut- und Augenfarbe bei der Kleiderwahl ist wichtiger als diejenige auf die Haarfarbe.
4. In Kunstlichträumen sollten Sie möglichst auf alle Blautöne in Kleidung und Make-up verzichten, also z. B. auch auf das kräftige Pink, das bei anderen Lichtverhältnissen für Sie vielleicht ideal wäre.
5. Die Musterung bunter Stoffe bewirkt nicht eine Vielzahl von Farbsignalen der einzelnen Töne, sondern eine farbliche Gesamtharmonie. In Anbetracht der unendlichen Möglichkeiten an Mustern gibt es demnach auch unendliche Farbeffekte. Es kann also sein, daß Sie z. B. jedesmal um »Lindgrün« einen großen Bogen herum gemacht haben, weil es Sie leichenblaß erscheinen läßt. Als zarte Tupfer in einem kräftigen Rosa kann jedoch genau dieses Grün einen edlen Schimmer auf Ihre Haut zaubern.

Die noch heute streng gehüteten Geheimnisse der Stoffärber im Orient lassen darauf schließen, welche Bedeutung dort Farben beigemessen wird.

Stoffe und Wolle – soviel ist zumindest bekannt – wurden früher selbstverständlich mit natürlichen Mitteln gefärbt, z. B. mit Indigo (blau), dem schon erwähnten, mit Gold aufgewogenen Safran (gelb) und dem wilden Safran (rot), der Kermesschildlaus (rot) oder der Nila-Pflanze (schwarz). Daher stammt auch die witzige ägyptische Redewendung »Kataknila«: »Werde schwarz«, die an einen Aufschneider gerichtet wird, der durch diese Schwärze möglichst unsichtbar werden soll.

Total finsteres Schwarz wurde durch die Färbetechniken allerdings nicht erreicht, vielmehr sehr tiefe Brauntöne, dies auch durch Gallussäure und schwefelsaure Eisenoxyde. Ebensowenig gab es »blendendes Weiß«, eine bevorzugte »Nicht-Farbe« der Neuzeit, die für die Sinne gar nicht so angenehm ist. Durch Bleichen naturweißer Stoffe erhielt man ein zartes Beige. Ein geschärftes Auge nimmt die abgestuftesten Weißtöne wahr: z. B. die Blüten von Sträuchern, die mal ganz leicht ins Gelbliche, mal ins Bräunliche, Bläuliche oder Rötliche gehen. Ebenso lebendig und abwechslungsreich kann unterschiedliches Weiß auch Stoffe zur Geltung bringen.

Es liegt auf der Hand, daß jeder der genannten Färbeprozesse stets ein anderes Resultat vorweist. Harmonisch wie eine Blumenwiese stehen diese Farben nie »schreiend« nebeneinander, trotz mitunter starker Intensität. Die Lebensdauer der Farben ist erstaunlich groß, die Farbechtheit beim vorsichtigen Waschen soll gegeben sein. Diese Farbträume gehören nicht ganz der Vergangenheit an. Auf indischen Märkten finden Sie noch oft stoffgewordene Lichtphantasien: das Blau des Morgenhimmels in allen Schattierungen bis hin zum Blau der mondlosen oder vollmondigen, leicht dunstigen Nacht, aufgefangene Sonnenstrahlen von Hellgelb bis Satt-orange, die ganze Palette vom Grün des Meeres, das vielfache Funkeln von Rubinen, Smaragden und Saphiren.

Die angebliche Vorliebe mancher Orientalen für grelle, geschmacklose Farben ist lediglich eine Folge des westlichen Imports, der den billigen, einfacher zu benutzenden Chemiekolorationen auch im Orient den Markt eröffnete.

19. Tag
Ernährung im Orient – für Leib und Liebe

Die Balance der Nahrungskräfte

Skeptisch bin ich bei neuen Heilslehren aus der Ernährungsforschung, die für die meisten von uns Streß, Askese und Kopfzerbrechen bedeuten. Nicht um Sie zusätzlich zu verwirren, sondern um Ihr Wissen diesbezüglich zu ergänzen, möchte ich einige orientalische Richtlinien der Ernährung ansprechen. Denn diese waren bis zum Anbruch der Neuzeit immerhin auch in Europa anerkannt und gelten im Orient heute noch.

Zu den Grundlagen dieser aus chinesischen, ayurvedischen, hippokratischen, galenischen, arabischen und hebräischen Elementen bestehenden Ernährungslehre gehört die Vorstellung von vier verschiedenen Stoffwechselessenzen im Körper und den entsprechenden Lebensmitteln. Sie werden eingeteilt in: heiß-feucht, heiß-trocken, kalt-feucht, kalt-trocken. Diese vier Essenzen lassen sich mit der Ihnen sicher geläufigen Vorstellung von den »vier Temperamenten« in Einklang bringen: Der Sanguiniker verkörpert die Luft (heiß und feucht), der Phlegmatiker das Wasser (kalt und feucht), der Choleriker das Feuer (heiß und trocken) und der Melancholiker die Erde (kalt und trocken). Gewürze und Heilpflanzen besitzen jeweils vier unterschiedliche Wärme- und Kältegrade und können daher zum Ausgleich der Temperamente eingesetzt werden. Einem überaus hitzigen Menschen fehlen vielleicht kühlende Nahrungsmittel, die seine Veranlagung beruhigen. Das so herzustellende Gleichgewicht in seinem Stoffwechsel wird dann auch für seine seelische Harmonie sorgen.

Auch die moderne Medizin erkennt ja mittlerweile an, daß gewisse Menschentypen zu bestimmten, psychosomatisch bedingten Krankheiten neigen. Ein guter arabischer Heilender versucht sowohl den psychischen Knoten durch Gespräche zu lösen als auch die Einheit Körper-Seele über die Ernährung ins Lot zu bringen. So erkennt ein erfahrener Arzt zwar schnell, daß Sie beispielsweise unter einem chronischen Vitaminmangel leiden, er wird Ihnen aber nicht einfach irgendwelche Vitaminpräparate geben, sondern sämtliche Ursachen für das mögliche Ungleichgewicht suchen – wie einem kranken Wald mehr geholfen ist, wenn man die kaputten Bäume nicht bloß durch gesunde ersetzt, sondern gleichzeitig die Bedingungen für das Wachstum verbessert. Was hat das Ganze schließlich für eine praktische Bedeutung hinsichtlich Ihrer individuellen Ernährung? Eine Folgerung können Sie sicher daraus ziehen: Die richtige Ernährung ist individuell von Typ zu Typ verschieden. Man kann durchaus davon ausgehen, daß der gesunde Mensch auf die für ihn passenden Nahrungsmittel instinktiv Appetit hat. Diese natürliche Fähigkeit verliert er, wenn er das Essen nur gehetzt oder nach vorgeschriebenen Richtlinien (»ungesund«, »kalorienhaltig«) einnimmt. Außerdem sind denaturierte, schlecht schmeckende Nahrungsmittel, die viele von uns auch noch vertilgen, nicht geeignet, unsere Körpersäfte anzuregen und unser Verlangen nach den richtigen Stoffen einzupendeln.

Experimentieren Sie mit Gewürzen und Kräutern. Lesen Sie mit Lust neue Rezepte. Ihre Vorlieben werden sich bald erweitern. Wenn Ihr Körper nun z. B. von zuviel Fleisch übersäuert ist, merkt er es bald von selbst, und Sie werden gerne Gemüse bevorzugen. Die hin und wieder auftretende Sucht nach Süßigkeiten könnte ein Zeichen sein, daß Ihrem Körper die »heißen« Elemente fehlen, wozu auch der Zukker gehört. In diesem Fall werden Sie mit Wonne getrocknete Aprikosen, Rosinen, alle Früchte, aber auch Mandeln, Pistazien, Walnüsse, Pinienkerne und Sesam verzehren. Hinter der hochentwickelten arabischen Ernährungslehre steckt also mehr als das kategorische Schweinefleischverbot des Koran. Mit modernen wissenschaftlichen Methoden konnten im übrigen so manche uralten Ernährungsgewohnheiten als gesund erwiesen werden. Daher begrüßen z. B. einige Ernährungsexperten den traditionellen Verzehr von Joghurt zusammen mit Fleisch-Speisen. Dies soll sich auf die Darmflora günstig auswirken. Wie Sie sehen und sicherlich ja auch schon gewußt haben, sind die Araber keine Vegetarier, so werden Lämmer zu Festtagen in großen Mengen geschlachtet. Dennoch bleibt Fleisch die Ausnahme. Arme Leute essen es fast nie, wohlhabendere leisten es sich höchstens zwei- bis dreimal die Woche, und zwar hin und wieder in Form von für die Ernährung wertvollen Innereien, die noch nicht dermaßen mit Schwermetallen verseucht sind wie in den Industrienationen. Haupteiweißlieferant sind getrocknete Saubohnen, Linsen, Hirse (»Kuskus«) und alle Hülsenfrüchte – Lebensmittel, die noch eine ansehnliche Menge an Mineralstoffen und Spurenelementen besitzen.

Hinzu kommt die Verwendung von wertvollen Gewürzen, deren Gebrauch in Europa leider nur im Weihnachtsgebäck bekannt ist. Die Heilkräfte solcher Ingredienzen sind beachtlich, ebenso eindrucksvoll deren Wohlgerüche, die sich erst richtig in bestem Fett entfalten. Verbot auch der Prophet Mohammed den Genuß frischen und rohen Knoblauchs vor dem Moschee-Besuch – zu den Wohlgerüchen gehört auch dieses Knollengewächs, das Sie an Ihrem Mitmenschen nicht mehr wahrnehmen, wenn Sie ihn selber essen. Da Knoblauch meist mit Kreuzkümmel (»Kamun«, »Kimyon«) zusammen genossen wird, stellen sich trotz verschwenderischen Verbrauchs auch bei empfindlichen Personen kaum Blähungen ein. Verträgt Ihre Umgebung absolut keinen Knoblauchgeruch, so neutralisieren gekaute Nelken oder Kardamon-Samen den Mundgeruch.

Fast-Food in Ägypten? Das wäre die unglaublichste Revolution eines Volkes. Niemals wird ein noch so billiger »Hamburger« den immer wieder anders zubereiteten »Foul« verdrängen, das »Fleisch des armen Mannes«: die schon erwähnten Saubohnen, die zur Abwechslung mal mit gekeimten Helba-Samen (Semen foenugraecum) ersetzt werden; und genausowenig die gebratenen Bällchen aus Kichererbsenmehl und vielen frischen Kräutern.

Auf die Zubereitung erntefrischer Speisen legt die arabische Hausfrau höchsten Wert. Gar nicht wenige Frauen in Kairo müssen, um die Familie überhaupt sättigen zu können, wohl oder übel noch zusätzlich arbeiten. Viele Betriebe sind zum Glück aber ausgesprochen frauen- und familienfreundlich: Morgens nehmen viele Erbsen oder anderes Gemüse mit, das sie in ruhigen Momenten zwischen der Arbeit putzen.

Aphrodisisches

Hatschepsut und Nofretete brachen Zuckerrohr hinter den Tempelruinen, um daraus zu Hause einen Saft zu pressen und dem gewohnten täglichen Erfrischungstrank ihres Vaters beizumengen. Die Mädchen waren noch sehr jung, und ihren kleinen Bruder Ramses trug ich auf dem Arm.

Das alles wäre nicht erwähnenswert, wenn nicht ihr Vater, Scheich Ali, ein stattlicher, kerngesunder und faszinierender Mann von 84 Jahren gewesen wäre, der längst nicht letzte Sproß einer uralten berühmten Grabräuber-Dynastie. Daher auch die etwas aus der Reihe fallenden Vornamen seiner jüngsten Kinder. Ob die Bereitschaft zu ungewöhnlichen Lebens- (nicht nur: Liebes-)Abenteuern oder sein täglicher Saft ihn zu einem kraftstrotzenden Mann noch im hohen Alter gemacht hat, weiß ich nicht zu beantworten. Nie und nimmer wird eine frigide, enttäuschte oder phantasielose Natur durch irgendein Mittelchen plötzlich in das Gegenteil verwandelt! Hoffnungen diesbezüglich nehmen uns auch zeitgenössische Forscher, die es oft schon aus eigenem männlichen Interesse wissen wollen. Ich warne Sie ausdrücklich, die in manchen orientalischen Basaren angebotenen »Stärkungsmittel« zu kaufen – importierte Pflanzen und dubiose Wurzeln aus fernen Urwäldern.

Auch der kluge Scheich Ali hielt davon nichts. Wohl aber herrscht allgemein im Orient die überzeugende Meinung, daß die für die physiologischen Vorgänge verantwortlichen Prozesse des Körpers aufs beste unterstützt werden können. Man vermag durch Heilmittel nicht nur den Gallenfluß anzuregen...

Ferner gibt es viele Mittel zur Durchblutung und Entspannung. Hochkonzentrierte Nährstoffe erzielen ein Stärkegefühl. Auch ein Liebesmahl, das aufgrund seiner raffinierten Zubereitung mit Duft, Aussehen und phantastischem Geschmack lockt, darf nicht unterschätzt werden.

Das Kamasutra liefert unter anderem eine Anzahl von Rezepten, die im ganzen Morgenland in ähnlicher Weise auch für Schwangere und Wöchnerinnen zubereitet werden. Nach den darin vorkommenden Pflanzen erkundigen Sie sich am besten in einer Apotheke.

Rezepte für Liebessäfte

Man stelle eine Mischung her aus gekochter Milch und zerlassener Butter, in welcher die Schoten des Sesams, Spatzeneier (oder frische Hühnereier) und Früchte der Pflanze »Trapa bispinosa« und »Kasurika« sowie Weizen- und Bohnenmehl enthalten sind.

Eine andere Mischung besteht aus zerlassener Butter, Süßholz und Zuckerrohrsaft oder Honig in gleicher Menge, Fenchel und Milch.

Man nehme als Grundlage Helba (Semen Foenugraecum), das über Nacht eingeweicht und mit Honigmilch aufgegossen wird.

Als »Frühlingskur« eignet sich: Der Sirup aus »Asparagus racemosus« (Spargel), Pfeffer und Süßholz wird mit Milch, Honig und zerlassener Butter gemischt. Oder Wasser, in dem »Asparagus racemosus« und die zerstoßenen Früchte der »Premna spinosa« gekocht sind.

Dazu gehören:

Anregende Gewürze und Nahrungsmittel

- Safran, Nelken, Zimt, Anis
- Galgant (Wurzel aus der Gattung der Zyperazeen, heilkräftig mit ingwerartigem Geschmack), unter der Bezeichnung »Laos« in Feinkostläden oder Exotikabteilungen von Kaufhäusern erhältlich (wirkt drüsenanregend)
- Ingwer
- Muskatnüsse und -blüten in geringen Mengen, mit Pfeffer und Zimt in Rinderfett eingelegt
- Karotten
- Knoblauch
- Kokosnuß, auch als heißer Breiumschlag auf den Rücken gelegt
- Petersilie, als ganzes Büschel nach dem Essen und vor dem Schlafengehen kauen (erzeugt außerdem einen sehr angenehmen Atem)
- Reis
- Melone

Der »Geschlechtskraft« sind eher abträglich: Blumenkohl, Kopfsalat, Linsen in größeren Mengen, Oregano.

Ein Liebesmenü

Lammkeule
»Der Sultan wird stark«

1 Lammkeule (ca. 3 kg)
5 (über Nacht in Wein getränkte) Gewürznelken
1 Prise Piment
1 Stückchen zerkleinerte Zimtstange
1 Teelöffel Kreuzkümmel (»Kamun« oder »Kimyon« aus dem türkischen Lebensmittelladen)
½ Teelöffel Koriander
1 Messerspitze Muskat
¼ Teelöffel frische, grüne, scharfe Chilischote, kleingeschnitten
10 Knoblauchzehen, kleingeschnitten
etwas Salz
1 Becher Sahnejoghurt
¼ Teelöffel Safran
1 Teelöffel Rosenwasser

Die pergamentartige Außenhaut der Lammkeule wird entfernt, und mit einem spitzen, schmalen Messer werden auf jeder Seite etwa zwanzig Öffnungen etwa fünf Zentimeter tief eingeritzt. Dahinein gibt man die Gewürzmischung:

Alle Gewürze, bis auf den Safran, werden zusammen im Mörser zerstoßen, mit ein wenig Honig und Rosenwasser verdünnt, jedoch die dickflüssige Konsistenz wird beibehalten und schließlich in die Ritzen der Keule gegeben.

Dann wird ein Becher Sahnejoghurt verquirlt und die Keule, zugedeckt in einem mit Butter gefetteten, schweren Schmortopf, an einem kühlen Ort ein bis zwei Tage reichlich mariniert stehen gelassen; zwischendurch muß sie immer wieder mit Joghurt benetzt werden.

Der Backofen wird stark vorgeheizt, ¼ l Wasser vorbereitet, das kochend über ¼ Teelöffel Safran gegossen und nach 20 Minuten abgeseiht wird. Etwas davon wird über die Keule gegeben, der Rest in den Topf gegossen.

Schließlich bringt man das Ganze zum Kochen und läßt es

zugedeckt bei 175 Grad ca. 1¼ Stunden garen. Hin und wieder muß die Keule mit Bratenflüssigkeit, etwas Butter und wenig Rosenwasser begossen werden, das erst gegen Ende der Bratzeit gesalzen wird. Die Keule ist gar, wenn sie bei Einstich mit dem spitzen Messer auch innen nachgibt.

Wie alle warmen orientalischen Speisen sollte anschließend auch die Keule zugedeckt bei Zimmertemperatur ½ Stunde ruhen, bevor man sie serviert. Sie ist dann warm genug, kann aber angeschnitten noch einmal im Backofen angewärmt werden.

Weil das Fleisch auch am nächsten Tag noch hervorragend schmeckt, ist das Rezept für etwa sieben Personen berechnet.

Dazu gibt es

Reichlich kleingeschnittener Knoblauch, Petersilie, frische Pfefferminze und Salz werden im Mörser zerstoßen und auf die Innenseite von halbierten Tomaten gegeben. **Gewürzte Tomaten**

Zu dieser Lammkeule gehört die

½ Glas Tahin (das etwas zähflüssige Mus aus Sesam, in türkischen Lebensmittelläden erhältlich) **Tahina-Sauce (für 2 Personen)**
3 Eßlöffel Zitronensaft
etwas Wasser und Milch (ca. ⅛ – ¼ l)
1 Büschel glattblättrige Petersilie
¼ – ½ Teelöffel Kreuzkümmel
2 frische Knoblauchzehen, kleingeschnitten und mit etwas Salz im Mörser zerdrückt

Tahin, Zitronensaft und alle Zutaten außer der Flüssigkeit und der Petersilie werden mit dem Schnellmixstab püriert, nach und nach wird in kleinen Mengen die Flüssigkeit zugegeben, bis eine weiße cremige Sauce – nicht zu dick, nicht zu wässrig – entsteht.

Diese Sauce wird in Suppentellern angerichtet und mit viel kleingehackter Petersilie garniert.

Unerläßlich für dieses köstliche Gericht ist der

Reis   Reis ist im Orient keine Beilage, sondern ein Hauptgericht
(für 2 Personen)   mit himmlischen Gewürzvariationen. Zur Lammkeule aber schmeckt am besten nur schwach gewürzter Reis. Er sollte jedoch stets in echter Hühnerbrühe und Rosenwasser gegart sein.

1 große Tasse Langkornreis
2 große Tassen leicht gesalzene Hühnerbrühe, einschließlich 1 Eßlöffel Rosenwasser
1 kleingeschnittene Zwiebel
1 Eßlöffel geschälte, gehackte Mandeln
1 Eßlöffel geschälte, gehackte Walnüsse
1 Teelöffel Butterschmalz

Reis, Zwiebel und Nüsse werden in Fett angebraten, die heiße Flüssigkeit wird aufgegossen, bei sanfter Hitze ¼ Stunde gegart und bei ausgeschalteter Herdplatte weitere 10 Minuten quellen gelassen. Dann wird alles vom Herd genommen und weitere 10 Minuten stehen gelassen.

Ganz professionell ist es, beim Garen auf den Topf einen Holzlöffel zu geben, ein weißes Leinentuch darüberzulegen und dann erst den Deckel daraufzusetzen.

Als »Süßspeise« wird dazu gereicht:

Aprikosen-   3 Gläser frisch gepreßter Aprikosensaft (auch pürierte Erd-
Almazeya   beeren, Mangos und Ganavas eignen sich dafür)
1 Eßlöffel Zitronensaft
1 ½ Eßlöffel Zucker
3 Blätter Gelatine
Rosinen und Kokosflocken zum Garnieren

Aufgelöste Gelatine wird mit Zucker in der Flüssigkeit verrührt, in Schälchen gegeben und gekühlt serviert.

Getränke

Wer hätte gewußt, daß die Araber ausgesprochen verwöhnte Weinkenner sind? Viele legen das entsprechende Koranverbot dahingehend aus, daß es lediglich den Mißbrauch von Alkohol bekämpfen soll. So fühlen sich die meisten Ägypter nicht als schlechte Moslems, wenn sie bei den christlichen Weinhändlern zuweilen einkaufen. Reiche Ölscheichs würden bei diesem Mahl auch zum besten Champagner greifen. Betrunken aber habe ich noch keinen Araber gesehen.

Ob Sie nun Alkohol oder etwas anderes anbieten – der Mokka nach dem Essen wird Ihnen guttun. Ein auf folgende Weise zubereiteter Mokka enthält nicht nur die anregenden, sondern auch noch die verdauungsfördernden, beruhigenden Stoffe.

Orientalischer Mokka

Besorgen Sie sich in einem türkischen Laden die traditionelle Stielmessingkanne. Füllen Sie zwei Mokkatassen kalten Wassers und 3 Kardamon-Kapseln hinein, und erhitzen Sie es. Wenn es heiß ist, aber noch nicht kocht, geben Sie 2 gehäufte Teelöffel feingemahlenen Mokka und 1 Eßlöffel Zucker (wenn gewünscht) hinein und rühren gut um.

Wenn der Kaffee kocht, steigt blitzschnell der Schaum hoch, den Sie sofort auf die Tassen verteilen müssen. Dann stellen Sie das Gefäß auf die Herdplatte zurück, lassen noch einmal den Kaffee aufkochen und gießen ihn in die Tassen.

20. Tag
Flüssige Schönheit

»Wenn jede für ein Ding mögliche Vollkommenheit
an ihm in Erscheinung tritt,
so ist das die äußerste Stufe der Schönheit...«

*(Abu Hamid al Ghasali,
islamischer Theologe, 1058 bis 1111)*

Ohne Klugheit geht nichts. Frauen, die ideale Körpermaße besitzen, aber keinen Verstand, werden allenfalls von Männern ausgenützt – glücklich werden sie nie. Ganz im Gegensatz dazu läßt sich über angeblich fehlende körperliche Schönheit frappierend leicht hinwegtäuschen. Das beste Beispiel hierfür ist Kleopatra, die im Unterschied zur gängigen Meinung keineswegs einem vollkommenen Körperideal entsprach. Kleopatra, könnte man meinen, war sogar ausgesprochen häßlich. Sie besaß unregelmäßige Gesichtszüge und viel zu kurze Beine. Doch niemand verstand es so wie sie, von fehlender Schönheit ablenkende Maßnahmen derart zu kultivieren, daß aus einem »Fehler« plötzlich ein grandioser »Vorzug« wurde. Ihre ausgesprochen kleidsame Pony-Frisur wurde ein Mode-Dauerbrenner über Jahrtausende – kein Mensch hätte vermutet, daß sich unter dem glänzenden Haar eine unproportionierte, gewölbte Stirn versteckte.

Kleopatras Klugheit ging so weit, daß sie es schaffte, trotz aller Makel zu den schönsten Frauen der Weltgeschichte gerechnet zu werden. Ganz selbstverständlich war sie »nebenbei« außerordentlich gebildet; sie beherrschte fünf Sprachen und besaß eine starke Persönlichkeit. Als »Intelligenzbestie« scheint sie ihre zahlreichen Liebhaber jedenfalls nicht abgeschreckt zu haben.

Beschränken wir uns hier nur auf ihre Kunst, nahezu jeden von ihr auserwählten Mann zu verführen. Da sie ihre eigene Sinnlichkeit ungehemmt auslebte, wußte sie sehr wohl, daß durch den Geruchssinn und den Tastsinn wesentlich intensivere Gefühle hervorzurufen sind als durch das bloße Auge. Ihre Eselsmilch- und Lilienölbäder haben ihre Haut dermaßen zart gepflegt, daß Caesar und Marc Anton hingerissen waren. Daß ihre Beine ein paar Zentimeter zu kurz geraten waren, hat ihre Faszination in diesem Moment bestimmt nicht beeinträchtigt. Zudem trug Kleopatra noch ein betäubendes Verführungsparfüm, ganz der jeweiligen Situation angepaßt, jedesmal unverwechselbar ein etwas anderes, so daß sich auch später in der Erinnerung jede einzelne Zusammenkunft von der anderen deutlich unterschied.

Die in den nächsten Tagen folgende, bei weitem nicht vollständige Übersicht wichtiger, für Schönheit und Heilzwecke verwendeter Drogen, Öle, Salben usw. der alten und modernen Orientalen möge allen kreativen Frauen, die mit der Eigenherstellung von Naturkosmetik schon einigermaßen geschickt sind, wertvolle Anregungen geben. Sie finden aber auch schnell und einfach durchführbare Rezepte, die auf althergebrachten Erfahrungen mit den vielfältigen Substanzen basieren.

Sie können praktisch in jeder Apotheke eine Reihe dieser Drogen von bester Qualität unter dem lateinischen Namen erhalten. »Drogen« ist der Sammelbegriff für alle rohen bzw. halb zubereiteten Produkte aus der Natur. Pflanzliche Drogen können also Rinden, Holz, Blätter, Blüten, Früchte, Samen, Kräuter, Milchsäfte und Extrakte, Öle, Harze, Baumsäfte, Algen, Flechten sein. Moschus und Ambra gehören zu den tierischen Drogen. Die arabische Bezeichnung hilft Ihnen, sich in den orientalischen Gewürz- und Parfümerieläden zurechtzufinden. Wer weiß, welche unbekannten Schönheitsmittel Ihnen bei diesen Gelegenheiten noch verraten werden...

Die Öle

Weder beim Kochen noch bei der Hautpflege achten viele Menschen auf die Qualität der verwendeten Fette. Wir lassen uns gerne von neuen Wirkstoffkombinationen blenden, achten auf die Streichfähigkeit der Creme, kommen aber selten auf die Idee, daß die öligen Bestandteile minderwertig sein könnten. Wenn eine Firma z. B. mit echtem Avocadoöl wirbt, der Rest einer »offengelegten« Produktanalyse aber »Chemie-Chinesisch« bleibt, so ist der Vermerk, daß auch ein wertvolles Öl darin enthalten ist, meistens ein Armutszeugnis. Offensichtlich gibt es dann nämlich auch Produkte, in denen weniger wertvolles Öl enthalten ist. So selbstverständlich ein Feinschmecker das Essen nur mit reiner Butter, Sahne, kaltgepreßten Ölen und ungehärteten Fetten zubereitet, so wichtig sollte dieses Reinheitsprinzip bei der Kosmetik sein. Tatsächlich aber enthalten viele moderne Pflegeprodukte minderwertige raffinierte Erdöle.

Neben den erlesenen, aber nicht teuren Pflegeölen wie Mandel-, Avocado-, Oliven-, Maiskeim-, Weizenkeimöl sowie verschiedenen Nußölen nehmen bei den orientalischen Drogisten noch eine Reihe weiterer Öle einen wichtigen Platz ein:

Behenöl Wahrscheinlich: *Moringa aptera*, Bān, das feinste aller vegetabilischen Öle. Weiße Betelnüsse-Samen bildeten im Altertum neben Sesam-, Mandel- und Olivenöl die Hauptgrundlage für Salben.

Sesamöl *Sesamum orientale L.*, Simsim, die besten Sorten sind jahrelang haltbar, enthalten hochwertige ungesättigte Fettsäuren, sind geruchlos; Öle zweiter und dritter Pressung werden zur Seifenfabrikation benutzt.

Alantöl *Inula L.*, duhn quist, aus der Staudengattung der Kompositen, von denen über neunzig Arten in der ganzen Welt verbreitet sind, wächst an feuchten Orten verwildert auch in Europa. Im europäischen wie im arabischen Mittelalter ein weitverbreitetes Universal- und Hautpflegemittel, hergestellt aus den Wurzeln, welche Inulin und das aromatische Alantöl enthalten.

Aprikosen- und Pfirsichöl, Kürbisöl und *Seerosenöl* sind anscheinend aus der Mode geraten und auch im Orient seltener geworden.

Diese als Einreibemittel für die Haut überaus beliebten Öle **Rosen-,** bestehen nicht ausschließlich aus den Extrakten, sondern **Veilchen-,** enthalten meist das reine ätherische Öl in Verbindung mit **Levkojenöl** einem anderen geruchlosen Öl, meist Sesamöl. Vorsicht ist allerdings beim Kauf entsprechender Öle im Orient heutzutage geboten. Nur zu oft sind synthetische Duftöle einem anderen minderwertigen Grundöl beigemischt.

Duftöle zum Einreiben sind Kosmetika von hohem Pflegewert. Die Garantie für die Reinheit des Extraktes, der nicht nur für guten Duft sorgen soll, muß unbedingt gegeben sein. Mit künstlichen Duftzusätzen beleidigen Sie Ihren Geruchssinn und können Ihrer Haut massiv schaden. Nur in seltenen Fällen kommt eine allergische Reaktion auf natürliche ätherische Öle vor.

Eine besondere Ölqualität gewinnt man durch den Zusatz von Blüten, Samen, Kräutern, Früchten und Hölzern. Dazu werden die Schalen, das Fleisch oder der Saft dieser Rohstoffe in einem feinen, geruchlosen Öl ausgelaugt.

90 ml bestes Sesamöl in eine große Flasche füllen, 10 g **Edles Jasminöl** frischen Jasmin darauf geben, sorgfältig verschließen. Die **(nach Al-Kindi)** Flasche in einem Korb in einen Wasserbrunnen oder einen großen Behälter hängen. Alle drei bis vier Tage herausnehmen, den Jasmin durch die gleiche Menge frischen ersetzen. Diesen Vorgang siebenmal wiederholen.

Das Experiment lohnt sich auch bei anderen wohlriechenden Blüten, die in Ihrem Garten wachsen.

Man kann ebenso andere feingepulverte, duftende Drogen (z. B. Sandelholz, Zimtrinde, Narde, Calmus, Costus usw.) einige Tage in Rosenwasser einweichen, unter weiterer Zugabe von Rosenwasser und Öl auf ein mäßiges Feuer geben und bis zur völligen Verdampfung des Wassers rühren. Dann läßt man das Öl abkühlen und wartet, bis sich ein Bodensatz bildet; alles zusammen wird vorsichtig in Flaschen abgefüllt, ohne den Bodensatz aufzurühren.

Destillierte ätherische Öle

In der Destillationskunst leisteten die alten Araber Entscheidendes. Durch Wasserdampfdestillation erhält man das hochkonzentrierte ätherische Öl zahlreicher Duftpflanzen. Mit reinen ätherischen Ölen können wir unter anderem beste Parfüms leicht herstellen (siehe 25. Tag).

Es gibt neuerdings auch in Europa vereinzelt Hersteller, die nach strengen Qualitätsansprüchen in kontrolliertem und biologischem Anbau erstklassige ätherische Öle verschiedener, auch seltener Duftpflanzen vertreiben.

Das neuerwachende Interesse an der sogenannten Aromatherapie, der gezielten Heilung mit Duftstoffen, ist von der altarabischen Medizintradition her sehr zu begrüßen.

Wohlriechende Wässer

Die Orientalen verstehen sich auf die Herstellung raffiniertester Wässer, die hervorragend zum Kochen, aber auch als Gesichtswässer und als Zusatz für Cremerezepte verwendet werden können. Am bekanntesten ist das Rosenwasser, das bei der Wasserdampfdestillation des Rosenöls zurückbleibt. In altarabischen Rezepten wird häufig auch Rosenwasser mit allen möglichen Mischungen verschiedener feingepulverter oder auch nur grob zerkleinerter Ingredienzen destilliert.

Nach längerem Einweichen der festen Bestandteile und ihrem anschließend mehrfachen Zerdrücken und Ausquetschen erfolgt die eigentliche Destillation. Mit schwacher Hitze wird das mit den Substanzen angereicherte Wasser »hochgetrieben« und als Destillat aufgefangen, wobei sich das ätherische Öl an der Oberfläche absetzt und vom Wasser getrennt aufgefangen wird.

Die verwendeten Ingredienzen sind Safran, Kampfer, Moschus, Gewürznelken, gelbes Sandelholz, Narde, Aloeholz, Zimtrinde, Casia und trockene Blumenblätter von roten Rosen. Auch Honig, Macis, Muskatnuß und Kardamom erscheinen in manchen Mischungen. Für meinen persönlichen Gebrauch besorge ich echtes Rosenwasser aus der Apotheke.

Im Sommer pflücke ich die Blüten der Heckenrose am Abend eines trockenen Tages – nach dem Rat eines ägyptischen Parfümhändlers –, da zu dieser Zeit der Gehalt an ätherischen Ölen besonders hoch sein soll. 100 g trockene, von ihren Kelchen befreite Rosen werden dann mit derselben Menge Mineralwasser drei Tage lang stehen gelassen, sorgfältig ausgequetscht und anschließend abgeseit. Das Wasser sollte aber bald verwendet werden. Auch ein einfacher Rosentee tut seine Zwecke als Gesichtswasser.

Eine andere Möglichkeit ist, 4 Tropfen echtes Rosenöl in 1 l destilliertem Wasser (Apotheke) zu verschütteln.

Gerne mische ich Gewürznelkenwasser mit Rosenwasser. Es ist für entzündete und pickelige Haut besonders geeignet. Die etwas zerstoßenen Gewürznelken – 5 g auf 100 ml Rosenwasser – über Nacht darin einweichen, kurz zum Sieden bringen und anschließend abseihen.

21. Tag
Harze und Balsame

Balsame sind ein Gemisch von Harzen und ätherischen Ölen. Sie treten als dickflüssige Säfte aus bestimmten Bäumen und bestehen aus nichtflüchtigen Kohlenwasserstoffen mit gummiartigen Bindungen sowie den schon genannten wertvollen ätherischen Ölen. Verflüchtigen sich diese nach einiger Zeit, bleibt das feste, glasartige Harz zurück. Balsame (hebr. »basam«: wohltuend, angenehm), häufig als »Kolophonium« bezeichnet, riechen meist wunderbar. Einige behalten die zähflüssige Konsistenz stets bei, z. B. der Storaxbalsam (siehe Seite 159), der Perubalsam *(peruvianum nigrum indicum)*, der Tolubalsam *(B. tolutanum)*. Auch Benzoe, Myrrhe, Weihrauch und viele andere gehören zu den Balsamen, von denen ich Ihnen nur die wichtigsten vorstellen werde. Manche sind löslich in Alkohol, in Äther, manche durch längeres Stehenlassen in einem fetten Öl. Wasserdampfdestillation isoliert das reine ätherische Öl von den anderen Bestandteilen.

Räucherungen mit verbrennendem Harz sind heilkräftig für die Atemwege und, wie z. B. der Weihrauch, auch bei Harnwegserkrankungen hilfreich. Bei Geburten ist es vielerorts üblich, Myrrheduft aufgrund der besonders für die weiblichen Unterleibsorgane entspannenden und daher auch wehenfördernden Eigenschaften für die Gebärende zu verbreiten. Die arabische Volksmedizin kennt aber auch in der übrigen Frauenheilkunde viele Salben mit Harzen und Balsamen. Balsame sind darüber hinaus nicht nur Bestandteile der arabischen Medizin, sondern auch der Parfümerie und Kosmetik. In Salben verarbeitete Balsame binden andere feingepulverte Bestandteile und scheinen neben den konzentrierten Drogen die Haltbarkeit günstig zu beeinflussen. In Parfümen wirken sie als wohlriechende Fixateure.

In alter Zeit war Weihrauch eines der bedeutendsten Handelsobjekte des Orients. Viel mehr als heute diente er früher religiösen, mystischen Zwecken, z. B. der Selbstversenkung oder auch der Läuterung. Heute ist eine »weltliche« Verwendung die häufigere: Weihrauch, Myrrhe und ähnliche Stoffe werden besten Parfüms mit durchaus »weltlichen« Zielen beigegeben. »Aus sich selbst heraussteigen, um höchste Höhen zu erreichen«, das will ein Mystiker genauso wie ein verliebtes Paar. Stellt der Weihrauch nicht einen idealen Vermittler zwischen diesen extremen Lebensweisen dar? Er kann den Streit »Körper gegen Geist« beenden.

Praktische Hinweise

Vorsicht ist dringend angeraten bei pulverisierten Harzen: Sie sind leicht brennbar; daher darf man sie nicht in die Nähe von offenem Feuer bringen. Ansonsten ist der Umgang mit Harzen nicht schwer. Sie finden in der folgenden Beschreibung verschiedener Harze teilweise ganz einfache Rezepte. Sie sollten grundsätzlich ein Gefäß für die Wasserbadschmelze (z. B. eine Schöpfkelle) sowie einen Edelstahllöffel zum Umrühren und Umfüllen nur für diese Zwecke reservieren, da die klebrigen Reste der Balsame mühsam (mit heißem Wasser oder Alkohol) zu entfernen sind. Die Rückstände des in Wasser verkochten Harzes spielen dagegen keine große Rolle.

Es lohnt sich auch, einen Holzmörser zum Zerstoßen der trockenen Harze anzuschaffen. Später werden Sie diesen noch für viele andere Zwecke gebrauchen.

Verschiedene Harze

Weihrauch

Olibanum, Būchūr, vom in Somalia, Eritrea und im Jemen beheimateten *Boswellia sacra* (Buchur), ist das klassische, berühmteste Harz, schon von den Alten Ägyptern in rauhen Mengen für Salbungen, Räucherungen, als Heilmittel und für kosmetische Zwecke gebraucht. Weihrauch ist unter anderem antiseptisch, adstringierend, tonisierend und fördert die Vernarbung.

Der Duft und die Wirkung dieses edlen Harzes sind unbeschreiblich: als ob die schwerelosen Rauchschwaden plötzlich die Oberfläche der Persönlichkeit zu durchbrechen vermögen und in abgründige Tiefen vordringen. Man wird in die Lage versetzt, richtige Entscheidungen zu treffen und unnützen Ballast abzuschütteln. Man hat überraschenderweise nachgewiesen (Jellinek, 1973), daß Weihrauch und Myrrhe ähnliche Geruchsstoffe wie der menschliche Körper besitzen. Tatsächlich wirken diese Harze angenehm gegen übermäßigen Körpergeruch, ohne ihn zu verdecken. Sie heben ihn vielmehr auf angenehme Weise individuell.

Den bei uns in Apotheken erhältlichen, praktischerweise schon zerstoßenen Weihrauch (»in Tränen«) lassen Sie z. B. mit wenig Sesamöl und etwas neunzigprozentigem Alkohol ungefähr eine Woche stehen. Der Alkohol verdunstet, das Weihrauchöl löst sich. Im Handel gibt es auch durch Wasserdampf destilliertes, ätherisches Weihrauchöl, das beinahe so aromatisch ist. Da es außerdem hochkonzentriert ist, genügen für die verschiedensten Zwecke ein paar Tropfen.

Myrrhe

Commiphera myrrha, von den Ästen des Myrrhenstrauches. (Bitte nicht mit »Myrte« verwechseln.) Myrrhe ist wie der Weihrauch noch heute in Arabien von großer Bedeutung. Ein Verzicht auf Myrrhe als Räucherwerk während der Gebete war bei allen Völkern des Alten Orients undenkbar.

Auf das Spektrum der Heileigenschaften weist auch der Koran hin.

Das Gold des einen Weisen aus dem Morgenlande schätzen wir als ein nobles und nützliches Geschenk für das Jesus-Kind; konnte doch die Mutter nach ihrem Gutdünken damit das Wichtigste für ihr Neugeborenes anschaffen. Aber warum schlossen sich die beiden anderen Weisen dieser Gabe nicht an? Weihrauch und Myrrhe in einer solchen Notsituation als Geschenk, wo ein Satz Leinenwindeln viel praktischer gewesen wäre? Diese beiden letzten Gaben waren jedoch mindestens ebenso wertvoll. Mutter und Kind konnten nämlich unmittelbar davon profitieren: zum einen wegen ihrer gesundheitsfördernden Wirkung, zum anderen wegen der durch den Rauch hervorgerufenen, gleichermaßen beruhigenden wie erhebenden Stimmung.

Neben einer Palette von förderlichen Effekten für den kranken Organismus hat das Myrrhenöl ganz deutlich gewebefestigende Eigenschaften – gottlob nicht nur für die von den Alten Ägyptern einbalsamierten Mumien. Weniger bekannt ist, daß es die Ägypterinnen damals noch zu Lebzeiten in Gesichtsmasken und Pflegeölen verwendeten. Bei Hautreizungen hat es eine leicht kühlende, erfrischende Wirkung, ist ferner desodorierend, adstringierend und ideal gegen Mundgeruch und Halsentzündungen.

Myrrhendampfbad

In kochendes Wasser eine Handvoll Myrrhe geben, 10 Minuten kochen lassen, den Topf vom Herd nehmen und 10 Minuten inhalieren; bei dünner geröteter Haut das Myrrhenwasser zunächst ein wenig auskühlen lassen. Wirkung: reinigend, straffend, beruhigend für die Haut, wohltuend bei akuten und chronischen Atemwegsbeschwerden.

Storax

Auch *Styrax, Liquidamber orientalis*, Lubnā, in der Türkei unter »günlük yar« in der Gegend von Marmaris (Lykien) erhältlich (nicht verwechseln mit der »Ambra« oder »Amber« des Pottwals).

Der Amberbaum liefert einen honigartigen, nach Vanille, Zimt, Narzissen und Flieder duftenden Balsam, leicht schmelzbar im Wasserbad; ohne Erhitzung in Alkohol oder in einem anderen Öl (Sesam- oder Mandelöl) lösbar, das man einige Tage stehen läßt und ab und zu mal umrührt.

Das von Amber gewonnene Öl gehört zu den besten Hauptpflegemitteln überhaupt. Mücken und andere Insekten schätzen seinen Duft nicht, worüber Sie sich im Sommer gewiß freuen werden.

Storaxöl

Einen Teelöffel Amberbalsam im Wasserbad schmelzen, in eine Flasche mit 100 ml Sesam- bzw. Mandelöl geben, gut schütteln. Nach einiger Zeit setzen sich die nichtlöslichen Rückstände am Boden ab. Man kann das Öl zusätzlich noch durch ein Haarsieb filtern.

Mekkabalsam

Balsamum gileadense, dickflüssige, pechartige, braunrote Masse, klar löslich in Äther, trübe in Alkohol, hat einen bitteren, starken, aber angenehmen Geruch und enthält dreißig Prozent ätherisches Öl.

Im Orient galt dieser Balsam als Wundermittel, besonders gegen weibliche Unfruchtbarkeit.

Ladanum

Cistus ladaniferus L., Lādan, vom buschigen Strauch der Zistrose, in der Bibel als Lot bekannt; die besten Sorten sind auf Kreta zu finden.

Das ambraartige und bittere, wohlriechende Harz wurde als blutstillend und auswurffördernd hoch geschätzt und findet Verwendung in Parfüms; Ladanum in Rosensalbe ist ein uraltes Mittel gegen Haarausfall.

Saduran

Saduran, ein Gummiharz aus den Hohlräumen des Wurzelwerks der Nußbäume, ist adstringierend und ist ein gutes Mittel gegen Haarausfall.

Saduransalbe — Saduran und gelbes Wachs eignen sich sehr gut als Grundlage für eine Salbe (Raliya).

Saduranöl — Das von seiner Hülle befreite Saduran über Nacht mit Wasser gut bedecken. Wenn das Stück größer ist und das Wasser völlig aufgesaugt hat, muß man es fein pulverisieren, eventuell »sukk« hinzugeben (siehe Seite 172) und in einem langsamen Erwärmungsvorgang mit hochwertigem Öl vermischen. Zum Schluß können Sie noch einige Tropfen reines ätherisches Duftöl mit Pflegewirkung (z. B. Sandelöl) zugeben. Es ergibt ein hervorragendes Körperpflegemittel.

Sandarūs — *Callistris quadrivalis Ventenat*, ein Wacholderharz, dem Bernstein ähnlich; sein Rauch ist heilsam gegen Atemwegserkrankungen.

Eine ambraartige Substanz als Ersatz für die echte Ambra erhält man, wenn Sandarus, Meerschaum und Parfümnarde in geschmolzenem weißen Wachs verrührt wird.

Benzoe — *Styrax benzoin*, das in der modernen Aromatherapie wiederentdeckte heilkräftige Harz, erhalten Sie in kleinen Stückchen äußerst preisgünstig auch in Deutschland.

Das schnell in Alkohol lösliche, zart vanilleartig duftende Harz eignet sich als Fixateur in Parfümen.

Qitran — *Pix cedri liquida*, flüssiges Zedernharz, flüssiger Teer; anstatt des besseren Zedernteers wird auch der Teer von Fichten angewandt.

Mit Essig verdünnt eignet es sich zum Gurgeln bei Halsentzündungen, gegen Läuse, gegen Würmer in den Eingeweiden; es gilt als samenabtötend und könnte daher für die Verhütungsmittel-Forschung interessant sein.

An dieser Stelle möchte ich aber ausdrücklich darauf hinweisen, daß ich keinerlei medizinische Empfehlungen geben will, wozu ich auch gar nicht berechtigt wäre. Es würde mich aber freuen, wenn das Interesse geweckt würde, jene seit alters volksmedizinisch genutzten Substanzen mit modernen wissenschaftlichen Methoden zu untersuchen. Es ist sehr schade, wenn das Zeitalter der modernen Chemie dazu führt, dieses alte Wissen völlig außer acht zu lassen.

Räucherwerk

Beim katholischen Fest der Heiligen Drei Könige werden die Häuser in Bayern heute noch mit Weihrauch und Myrrhe »aromatisiert« – noch vor gar nicht langer Zeit in der festen Überzeugung, damit »böse Geister« zu vertreiben.

Ich erinnere mich gut: Wenn in Ägypten einmal der Haussegen der Familie schief hing, dann entzündete jemand ein Räucherwerk, das in jedem Haushalt immer reichlich vorhanden ist, und ganz leise kehrte wieder der Frieden ein. Alle saßen plötzlich froh um die dampfende Messingschale herum, während irgendeiner längst schon Tee bereitet hatte.

Ein kleines Messingtablettchen oder nur ein Stück Alu-Folie auf einem »Stövchen«, das von unten mit einem Teelicht gewärmt wird, ist ideal für die Aromatisierung der Luft. Eine schwache Hitze genügt also, denn die Luft sollte nur mit einem feinen Rauch angereichert werden, keinesfalls mit rußigen Räucherschwaden eines viel zu heiß und viel zu schnell verbrennenden Harzes. Verwenden Sie niemals einen synthetischen Duft. Derartige minderwertige Räucherstäbchen werden leider auch manchmal im Orient angeboten, hier findet man sie mittlerweile in jedem Warenhaus.

So individuell die Hausgeister, so individuell die Luft! Schon einzeln duften die Substanzen sehr angenehm, doch die Mischungen mehrerer ist jedesmal ein kleines Kunstwerk, das zudem selten mißlingt.

Zerkleinern Sie größere Stücke mit dem Mörser, und feuchten Sie diese mit Rosenwasser, Honig und Safran an. Ein anderes Mal geben Sie Ihr selbstzubereitetes, völlig reines Parfüm in etwas Wasser – purer Alkohol sollte nicht in die Nähe von Flammen kommen – und erwärmen es. Ihre »Aura« wird überall zu spüren sein, obwohl der Duft sich ganz anders entfaltet als auf Ihrer Haut. Versuchen Sie aber niemals, denselben Effekt dadurch zu erzielen, daß Sie Ihr Parfüm wahllos in die Gegend sprühen.

Als weitere Anregung hier die Weihrauchmischung einer jemenitischen Familie: **Weihrauchmischung**
- Weihrauch (Olibanum-)Harzstücke
- Aloeholz
- ein wenig Storax
- Sandelholz
- Blütenstempel vom Sennastrauch
- etwa 10 Tropfen Myrrhenöl

Das Ganze wird in Honig aufgekocht und karamelisiert, dann läßt man es hart werden. Die davon abgeschlagenen Stücke werden verbrannt. Schließen Sie die Augen, und reisen Sie mit den legendären Weihrauchkarawanen längst vergangener Reiche in das Land der Königin von Saba, der unsterblichen Bilqis, welche die Liebe des weisen Königs Salomon aufs heftigste entfacht hatte.

22. Tag
Berühmte Duft- und Heilstoffe des Orients

Zentrum des Gewürz- und Heilpflanzenhandels ist heute wie vor 2000 Jahren Alexandrien (gegr. 332 v. Chr.). Schließlich münden hier uralte Karawanenwege und die Nilschiffahrt. Trotz Chemie sind moderne pharmazeutische Betriebe in großem Umfang auf pflanzliche Rohdrogen angewiesen.

Zu meinen schillerndsten Auftritten gehören jene bei einer alexandrinischen Familiendynastie von Gewürzhändlern. Nachdem etliche Schiffsladungen an frischgeernteten Gewürzen und Duftstoffen, vorwiegend aus dem indischen und südarabischen Raum, angekommen waren, gaben die Händler verschwenderische, sich über mehrere Tage hinziehende Feste für die Einkäufer aus aller Welt. Kleopatra, in deren Zeit diese Tradition zurückzuführen ist, hätte die Tafeln nicht prächtiger gestaltet. Mein Aufsehen erregte vor allem eine nach altem, länst vergessenem Rezept eines Kalifen zubereitete Pastete mit Lamm- und Taubenfleisch und moschusgewürzter Blätterteigdecke. Überall frische Rosen zur Dekoration, die Bediensteten in malerischen Gewändern.

Der Platz in der Mitte der wie ein Halbmond angeordneten Tische, auf dem ich tanzte, war etwa zehn Zentimeter dick mit dunkelroten Rosenblättern bestreut. Oberstes Gebot für die Gäste während dieser Feierlichkeiten aber war, absolut kein Wort über die Geschäfte zu verlieren. Dies wäre ein grober Verstoß gegen die Höflichkeit gewesen. Wen wundert es, daß die westlichen Handelsvertreter am vierten Tag unruhig auf den Terminkalender sahen, derweil sich ihre Familien von den Gastgebern reichlich beschenken ließen.

Am fünften Tag ereignete sich etwas gespenstisch Anmutendes: Mit dem letzten Schlag des Trommlers wurden binnen Sekunden die Tische geräumt, jegliches Lachen verstummte. Plötzlich saßen Männer mit ernsten Gesichtern an »Konferenztischen«, und Schlag auf Schlag gingen die knallharten Verhandlungen los. Niemand nahm von den Musikern und mir Notiz, und bevor wir mit den Instrumenten von der Bildfläche verschwunden waren, gingen auch diese Männer auseinander. Erstmals anwesende westliche Vertreter konnten nicht fassen, daß hier im Orient das unterhaltsame und langatmige Gesellschaftsspiel des Feilschens ausfiel. So manchem, der zögerte, wurde ein zugesagtes Geschäft weggeschnappt. Der von einem Händler in der Hoffnung auf günstigen Einkauf finanzierte Anbau einer wertvollen Rosenart wurde vom Bauern kurzerhand für das Vielfache an einen anderen verkauft. Der Gewürzhandel des zwanzigsten Jahrhunderts ist also immer noch genauso spannend und voller Verwicklungen wie in früheren Zeiten.

Ambarum, Anbar, häufig fälschlicherweise mit Liquidamber (siehe Seite 159) verwechselt, ist ein in der Harnblase des Pottwals gebildetes Sekret, nicht gleichzusetzen mit cetaceum (Walrat), dem geronnenen Öl der Kopfhöhlen und des Rückenkanals beim Wal, der oft als »Weiße Ambra« oder »Amber« bezeichnet wird. Die Ambrastücke des verendeten Wals können vom Meer an die Küsten gespült werden. Da aber Wale zunehmend aussterben und Fänger die Tiere gezielt getötet haben, um an die wertvollen Stoffe zu kommen, ist diese Substanz heutzutage abzulehnen. Die sogenannte »Graue Ambra« riecht nach der unbeschreiblichen Mischung etwa von moosigem Waldboden, Tabak und Sandelholz. **Ambra**

Die kostbare Ambra ist blaßblau bis grau von spröder, schaliger Struktur, manchmal so groß wie ein Straußenei. Die Inhaltsstoffe sind cholesterinhaltiges Ambrafett und ätherisches Öl. Früher fand die Ambra als magen- und nervenstärkendes sowie stark aphrodisisches Heilmittel und als Gewürz in Speisen Verwendung.

Geschmolzene Ambra bindet trockene Substanzen. Heutzutage wird Ambra, eine in der Parfümerie aufgrund des betörenden Duftes hochbegehrte Substanz, synthetisch hergestellt. Einen guten natürlichen Ersatzstoff, obwohl er sich im Duft von der tierischen Substanz unterscheidet, stellt oft der Liquidamber (Storax) dar.

Moschus

Moschus moschiferus, Misk, ist das Sekret der Präputialdrüse des männlichen Moschus *moschiferus L.* oder der ausgereifte Moschus, den die Moschusgazelle an Steinen abscheuert.

Da auch die geschützten Moschustiere immer seltener werden, der internationale Moschushandel immer kriminellere Ausmaße annimmt, sollte man auf die ebenso attraktiven Ersatzstoffe zurückgreifen: Samen von *Hibiscus abelmoschus* (Moschuskörner), Wurzel von *Ferula Sumbul* (Moschuswurzel), *Erodium moschatum*, *Mimulus moschatus*, *Malva moschata*, *Centarea moschata*, *Solanum miniatum*. Es gibt auch in Deutschland zur Zeit pflanzliche Moschusersatz-Essenzen von exzellenter Geruchsqualität.

Ihre Spürnase wird sie leicht von den widerlichen, weit verbreiteten Moschus-Synthetik-Ölen unterscheiden.

Moschus hat einen betäubenden Geruch und ist ein hochwirksames Aphrodisiakum. Chemische Zusammensetzung: Muskon, Bitterstoff, Fett, Harz, Cholesterin, Eiweißsubstanzen, Butter- und Milchsäure, Lactate, Ammonkarbonat, Ammoniak.

Santalum album L., Sandal. **Sandelholz**
Etwa 1500 v. Chr. wurde das Sandelholz aus Punt nach Ägypten exportiert. In Indien ist das weiße Sandelholz ein bekanntes Aphrodisiakum, das zusammen mit der Rose noch verstärkt wirkt. Als Pulver und Öl dient es als Kosmetikum, hilft bei Akne und alternder Haut und ist kühlend bei Fieber und Sonnenhitze; Perser und Araber schätzten seine herzkräftigenden und harnwegestärkenden Eigenschaften. Der Duft ist warm, süß und gleichzeitig holzig, tief, zärtlich, würzig. Er gehört zu den edelsten orientalischen Duftnoten.

Ward. Von den etwa siebentausend Sorten der Rose spielen **Rose** für die Rosenölgewinnung heutzutage nur drei Sorten (mit einigen Variationen) eine wichtige Rolle: *Rosa damascena* (bulgarisch-türkische Damaszenerrose, hellrot-rosa blühend), *Rosa alba* (bulgarisch-türkische weiße Rose) und *Rosa centifolia* (französisch-marokkanische, italienische Centifolien- bzw. Mairose). Zu welcher Art die *Rosa moschata* gehört, konnte ich nicht herausfinden. Ihr Öl hat einen eigenwilligen, beinahe herben Geruch, der sich von anderen Rosenarten deutlich unterscheidet. Wie bei einem guten Wein variiert das Ernteergebnis zudem nach Klima, Ort und Erntezeit. Es spielt auch eine Rolle, ob das erste, zweite oder dritte Destillat das Öl liefert. Das zweite Destillat ist meist holziger, manchmal mit einer gewissen »Muffigkeit«, aber sehr reizvoll.

Früher gewann man Rosenöl zunächst durch einen Macerationsprozeß mit fettem Öl, das heißt, die Blüten wurden im warmen Fett eingeweicht, die ausgelaugten Blüten durch Abpressen aus dem Fett entfernt und durch frische erneuert. Diese Wärmeextraktion eignet sich übrigens auch für andere Duftöle, wie z. B. Veilchen-, Nelken- und Hyazinthenöl. Rosenblätter kommen als Adstringens zur Verwendung. Rosenöl ist rot, gelb oder grünlich.

Die Rose ist die Königin im Reiche der Blumen. Kaum ein Duft symbolisiert die Liebe so wie der der Rose. Legenden ranken sich daher um diese Pflanze. Sie soll aus dem Blut des Adonis oder der Venus, nach moslemischer Überlieferung aus dem Schweiße Mohammeds entstanden sein.

Aromatherapeuten stellen eine nicht enden wollende Liste ihrer Heilwirkungen auf: Sie habe besonders erstaunliche Einflüsse auf die männlichen und weiblichen Geschlechtsorgane, sie steigere den Samenfluß, fördere die Blutzirkulation und reguliere den weiblichen Hormonhaushalt. Ihr Duft allein genügt, um auf andere Gedanken zu kommen... Leider riecht heutzutage alles mögliche nach Rose – allerdings nach synthetischer, was einer Abstumpfung des Geruchssinnes und einer Verflachung der Gefühle entspricht.

Jasmin *Jasminum officinale, Jasminum grandiflorum, Jasminum sambac,* Yasmin; als der König der Blumen wirkt auch er in hohem Maße aphrodisisch. Sein mahagonifarbenes Öl, oft verfälscht, ist kostbar, jedoch braucht man nur geringe Mengen. Echter Jasmin besitzt neben seiner »überirdischen« Süße noch einen herben, »männlichen« Unterton. Jasmin wirkt in hohem Maße entspannend auf die Unterleibsorgane und erleichtert den Geburtsvorgang. Er regt die Milchabsonderung an und ist ideal als »einstimmendes« erotisches Massageöl. Jasmin als klassischer orientalischer Duft ergänzt sich optimal mit Rose und/oder Sandelholz.

Wie auch Orangenblüten, Tuberosen und Flieder zeichnet sich Jasmin durch einen hohen Gehalt an »Indol« aus, einem Riechstoff mit »animalischer« Note, welche für die stark erotisierende Wirkung mitverantwortlich ist. Interessanterweise enthält Jasminöl aus Pomade – also schonend durch Enfleurage gewonnenes – weit mehr Indol als eine »Essence absolue Jasmin de Chassis« oder gar als synthetisches Jasminöl. Der Laie merkt geruchlich vielleicht keinen Unterschied, doch die betäubende, das Denkvermögen einschränkende Auswirkung des Indols fehlt, die ansonsten eine heftige Gefühlsaufwallung zur Folge haben kann.

Diese Erkenntnisse über die Wirkung des Indols ist die Lüftung eines kleinen Geheimnisses der Zusammensetzung von Blütengerüchen, für die wissenschaftliche Untersuchungen verantwortlich zeichnen, die ansonsten in diesem Bereich noch ein weites und reizvolles Betätigungsfeld finden.

Machen Sie es wie Kleopatra. Sollten Sie glückliche Gartenbesitzerin sein, pflanzen Sie Jasmin, Flieder, Rosen und die in rauhen, nördlichen Breitengraden bestens gedeihenden Wicken. Letztere vereinigen ideal das Bouquet verschiedenster sinnlicher Duftnoten. Wicken erinnern mit ihrem betäubenden Duft an Orangenblüten, Jasmin, Rosen, Tuberosen und Hyazinthen und zeichnen sich ebenfalls durch einen hohen Indolgehalt aus. Es ist gar nicht schwer, den Traum eines orientalischen Lustgartens in europäischen Verhältnissen Wirklichkeit werden zu lassen.

Crocus sativus L., Zaʿfarān, besteht aus fadenförmigen **Safran** orangeroten Stempelnarben, ist eines der wertvollsten Gewürze überhaupt, wurde schon im Altertum abenteuerlich gehandelt und wird bis zum heutigen Tag gern verfälscht; seit Dioskurides ist er als Aphrodisiakum für das weibliche Geschlecht anerkannt.

Safran und Rosenwasser wirken als gegenseitige Geschmacksverstärker. Sein Geruch ist ungeheuer apart, weich und trotzdem leicht bitter. Kein Wunder, daß im Mittelalter Fälscher dieses ungeheuer begehrten Gewürzes mit dem Feuertod bestraft oder gleich lebendig begraben wurden. In der Antike durchströmte der Duft des Safrans Säle und Theater, deren Marmorböden üppig damit bestreut wurden.

Mir ist es unverständlich, daß Safran heutzutage kaum noch beachtet, allenfalls als Kuchenfärbemittel verwendet wird. Sollte unser Geruchssinn durch die schalen Gerüche der Neuzeit schon so gelitten haben?

Zimt *Cortex Cinnamomi ceylanici*, Salīcha, ist die Rinde des ca. 12 Meter hohen vielästigen Zimtbaumes, Ernte nach etwa 6 Jahren. Das vermutlich älteste gehandelte Gewürz stammt ursprünglich aus China. Schließlich wurde Ceylon ab dem 14. Jahrhundert bis zum heutigen Tag Hauptexporteur für Zimt. Vermutlich gibt es keine wesentlichen Unterschiede zwischen dem altchinesischen Casia und dem heutigen hochqualitativen, arzneilich genehmigten Ceylon-Zimt.

Zimt wirkt unter anderem erwärmend, durchblutend, verdauungsfördernd, die Sinne anregend.

Im Altertum als Räuchermittel oder Gewürz in Weinen. Zimt in Verbindung mit Nelken, Kardamom, Muskat und Rosenwasser sowohl in heilenden Parfümsalben als auch in Speisen. Oliven- oder Sesamöl mit einigen Tropfen ätherischen Zimtöls eignen sich hervorragend zur Fußmassage. Das süßlich-holzige Aroma findet sparsam auch in modernen Parfüms Verwendung.

Bockshornklee *Trigonella Foenum graecum L.*, Helba, von Kleinasien bis China verbreitete einjährige, krautige, ca. 40 Zentimeter hohe Pflanze mit gelblichen Blüten, länglich-ovalen gezähnten Blättern und gelblich-braunen Samen.

Schon die Alten Ägypter verwendeten dieses »Allround-Mittel« für Schönheit und Gesundheit. Die gemahlenen Früchte mit Rosenwasser und Honig eignen sich ähnlich wie Leinsamenmehl als Maske bei fetter unreiner Haut. Am meisten geschätzt ist der Bockshornklee aber wegen seiner schleim- und lecithinhaltigen, nährstoffreichen Samen.

Im arabischen Mittelalter als Speisegewürz beliebt, heutzutage geröstet oder auch frisch gekeimt aufs Brot verzehrt, mitunter zerstoßen mit Milch und Honig eingenommen, schwören die Araberinnen heute noch auf die hautverschönernde Wirkung sowie deren Anregung aller weiblichen Körperfunktionen durch Helba. Ein wichtiger Heilstoff für schwangere und stillende Mütter.

23. Tag
Die schwarze Salbe des Harun ar-Raschid

Einige geheimnisvolle Salben des alten Orients sind uns durch den arabischen Philosophen und Naturwissenschaftler Al-Kindi als Rezepte erhalten geblieben. Bekanntlich übersetzte und bearbeitete die frühislamische Wissenschaft ja auch antikes hellinistisches Kulturgut, das uns zum großen Teil nur durch sie überliefert worden ist.

Welche Bedeutung kostbaren Salben früher zugemessen wurde, kann man daran erkennen, daß anläßlich der Familienfeste eines Würdenträgers, etwa der Beschneidung seiner Söhne, Salben als Geschenke an das Volk verteilt wurden. Allerdings gab es drei Klassen dieser Kostbarkeiten (»Raliya«), wie man diese Pflegemittel nannte, wobei die Ingredienzen der Salbe für das gemeine Volk natürlich am bescheidensten ausfielen. Dennoch könnten selbst diese Substanzen, heutzutage in einem Produkt verarbeitet, der ganze Stolz einer Naturkosmetik-Herstellung sein.

Das folgende, durchaus veränderbare Rezept der »Raschiya« – so der Name der eigens für Harun ar-Raschid zubereiteten Kostbarkeit – zeichnet sich also durch die hohe Konzentration wertvoller aromatischer Ingredienzen aus. Ihre Herstellung ist allerdings ein komplizierter, aber durchaus zu bewältigender Prozeß.

Zuerst wird ein »Ramik« hergestellt, aus diesem ein »Sukk« (siehe unten), aus dem man schließlich verschiedene »Galiya« vollenden kann. Diese Parfümsalben und -cremes be-

Raschiya – die schwarze Salbe

stehen im allgemeinen aus trockenen pulverisierten Rohstoffen, Öl, Wachs, Harz und manchmal auch Wasser.

»Ramik« und »Sukk« sind gepulverte Drogen, in Pastillenform gebracht, mit zahllosen Kombinationsmöglichkeiten. Die Masse kann neben dem üblichen Moschuszusatz (auf dessen Ersatzstoffe ich in Pflegesalben allerdings verzichte) bestehen aus:
– Gallnüssen, Rosinen, Bienenhonig, Sesamöl, Rosen, Zimt, Kassia, Nelken
– Gallnüssen, Granatschalen, Gummi arabicum, Trauben- oder Dattelsirup oder
– Parfümnarde (sagenumwobene Duftpflanze des alten Indiens, am ehesten durch Lavendel zu ersetzen)
– Mannaeschenfrüchten, Muskatblüte, Muskatblatt, Nelke, großem und kleinem Kardamom, Aloeholz, gelbem oder weißem Sandel, Gummi arabicum

Sie können auch selbst Kräuter- und Gewürzmischungen erfinden. Sämtliche Gewürze, die ein orientalisches Mahl schmackhaft und gesund machen, sind ebenso für die Salbenherstellung geeignet.

Statt die schwer erhältlichen Galläpfel zu verwenden, gieße ich auf gemahlene Pistazien oder Mandeln etwas kochendes Wasser und menge anschließend die restlichen aromatischen Zusätze hinein. Auf die Masse gebe ich geschmolzenen Storax, walze sie aus und lasse sie trocknen. Aus »Ramik« entsteht »Sukk« durch Kneten in Wasser mit etwas gepulvertem Bibergeil oder Sandarakharz. Auch andere Harze kann man ersatzweise verwenden.

Viele Gewürze entfalten sich besonders gut, wenn man sie mit gemahlenen Pistazien in Öl röstet, anschließend weiter feinpulvert, eventuell mit Wasser benetzt und schließlich mit Honig oder Dattelsirup knetet. Die Substanzen können auch geschmolzenem weißen oder gelben Wachs beigefügt werden.

Die Vollendung der Salbe

Die charakteristische schwarze Salbe entsteht durch die folgenden abschließenden Arbeitsgänge (zu den Harzen siehe 21. Tag):

Zedernharz wird in einem Steintopf erhitzt, bis es schäumt. Dann wird die Menge in ein Gefäß mit Gewürznelkenwasser geschüttet und über Nacht stehen gelassen. Diese Grundsubstanz muß gut verschlossen in einem Glas- oder Steingefäß aufbewahrt werden. Zur Weiterverarbeitung kann sie dann wieder erhitzt werden:

150 ml Zedernharz wird erhitzt, getrennt davon 10 g Ladanum geschmolzen und auf das schäumende Harz gegossen.

Dasselbe wird mit 10 g Storax oder Ambra gemacht.

Jetzt geben Sie 10 g Ihres Vorrates an gepulvertem »Sukk« dazu und rühren die Masse mit einem hakenförmigen Eisenstab um, bis sie sich vermischt. Dann nehmen Sie sie vom Feuer herunter und rühren noch eine Stunde (!), bis der »Sukk« vollständig aufgesogen ist. Auch diese Hauptsubstanz der Parfümsalbe kann in einem gut verschlossenen Glasgefäß lange aufbewahrt werden – sie wird sogar immer besser.

Zur Herstellung der gebrauchsfertigen »Kostbarkeit« schließlich mischen Sie 8 g von dieser Substanz mit 4 g Moschus (einige Tropfen ätherisches Öl eines entsprechenden pflanzlichen Ersatzstoffes tun es auch) und geben weitere 8 g von »Sukk« und 2 g geschmolzene Ambra hinzu (auch hier kann man das Storax-Harz statt der tierischen Substanz nehmen).

Sie vermengen zum Schluß alles endlich mit etwa 16 g bestem Behenöl bzw. Mandel- oder Sesamöl.

Das Ergebnis ist eine edle schwarze Parfümsalbe. Sie zuzubereiten ist zwar umständlich, aber reizvoll. Wie eine phantasievolle Köchin dürfen Sie sie durchaus experimentierfreudig abwandeln.

Im folgenden möchte ich ein paar weitere Anregungen für Salben und Öle geben:

Sonnenschutz-salbe

Sandelholzspäne oder Aloeholzspäne in altem Wein tränken, bis sie eine dunkle Farbe bekommen, in einen einfachen »Sukk« pulverisiert hineinarbeiten, diese Masse in Rosenwasser schmoren und anschließend noch sorgfältiger unter portionsweisem Nachgießen weiteren Rosenwassers durchkneten, bis eine feine Masse entsteht. Diese kann man dann noch mit beliebiger Menge Sesamöl weiterverarbeiten, je nach gewünschter Konsistenz.

Auch ich habe mich daran gewöhnt, den praktischen Schnellmixstab zum Pulversieren zu verwenden. Nicht aus Starrsinn, sondern um der schonenden Behandlung der Zutaten willen lehnte meine Großmutter jedoch diese überaus praktischen technischen Neuerungen ab und rührte lieber alles mit der Hand, was zweifellos die bessere, aber eben zeitaufwendigere Verarbeitungsmethode darstellt.

Körpersalbe für schimmernde Haut

Pulverisiertes Sandelholz in ein wenig neunzigprozentigen, unvergällten Alkohol einweichen, nach ein paar Tagen den Storax zugeben, der dadurch hervorragend gelöst wird, während nach einiger Zeit der Alkohol weitgehend verdunstet. Die Masse im Wasserbad schmelzen und nach und nach Öl zugeben.

Auf 10 g dieser Grundsubstanz kommen etwa 100 g Öl, je nachdem, wie dick- oder dünnflüssig Sie das fertige Produkte wünschen.

Variation

Sollten Sie anstelle des flüssigen Storax die feste Substanz des »Styrax officinalis« erhalten, können Sie auch diesen verwenden, indem Sie ihn einfach auf das siedende Öl geben. Wer mag, kann zusätzlich 5 Tropfen ätherisches Sandelholzöl auf 100 ml des abkühlenden fertigen Storaxproduktes tröpfeln.

Massageöl

Einfach zuzubereiten, dennoch von erlesener Qualität ist ein Massageöl, dem Sie nur ein paar Tropfen ätherisches Öl zusetzen. Mit ein wenig Kenntnis der Heil- und Pflegewirkung einzelner ätherischer Öle kann man sich individuell für seine Bedürfnisse immer wieder ein anderes Öl herstellen. Als Faustregel gelten immer 7 Tropfen ätherisches Öl auf 50 ml geruchloses Öl, jedoch nicht mehr als 12 Tropfen auf dieselbe Menge. Alles, was Ihrer Meinung nach gut riecht, wird im Moment wohl auch das Zuträglichste für Sie sein. Warme, weiche Düfte sind meistens sinnlich, frische wirken entsprechend bei Erschöpfung.

Probieren Sie einmal:
1 Tropfen Jasmin
4 Tropfen Rose
8 Tropfen Sandelholz
auf 50 ml hochwertiges geruchloses Öl

8 Tropfen Zypresse **Kreislauf-**
2 Tropfen Wacholder **aktivierendes Öl**
auf 50 ml hochwertiges geruchloses Öl

Dieses Öl eignet sich gut gegen Venenleiden.

Nach den bisherigen Ausführungen zur Hautpflege werden Sie jetzt verstehen, warum schon im Alten Ägypten die Heilkunst mit der Parfümerie gleichgesetzt wurde. In unseren kühlen, etwas sinnesfeindlichen Breitengraden aber stellt »Parfüm« lediglich einen manchmal verrufenen Luxusartikel dar, den man wie ein mehr oder weniger passendes Kleid an- und ablegt, keineswegs aber ein tieferes Geheimnis, das unsere Gesundheit und unser Wesen vielschichtig beeinflußt und für unsere gesamte individuelle Harmonie entscheidend ist.

Vielleicht ahnen Sie jetzt diese Magie, wenn Sie an »Weihrauch, Wohlgerüche und Spezereien« denken: Was wäre das Morgenland ohne seinen Zauber der Düfte, von dem der Okzident seit Jahrtausenden träumt?

24. Tag
Liebeszauber

Nachdem wir an den letzten Tagen viel gemischt, geknetet und gerührt haben, wollen wir es uns heute wieder etwas gemütlicher machen und einen besinnlichen Tag einlegen.

Wahrsagerinnen, Hellsichtige und andere geheimnisvolle Frauen gibt es zuhauf in Ägypten. Mag der Islam diese populären Okkultistinnen auch gar nicht gerne sehen, so behaupten sie sich dennoch mit einer unglaublichen Zähigkeit. Manche landen freilich hin und wieder im Gefängnis. So auch eine dieser »Wissenden«, die sich auf »Liebeszauber« verstand. Wäre sie nicht so dreist geworden und hätte sie nicht selbst den ärmsten Leuten immer mehr Geld aus den bereitwillig geöffneten Taschen gezogen, dann wäre bis heute der Ruhm jener »Sarwat« nicht im Verblassen begriffen, und ich würde Ihnen den Weg in ihr verfallenes Haus am Kairoer Stadtrand beschreiben, nicht weit von den ehrwürdigen Mausoleen der Kalifen entfernt. Schwer zu entscheiden, was eindrucksvoller war: Sarwats Rat in Liebesdingen oder ihre in der Welt wohl einmalige Vorstellung.

Zusammen mit einer kreischenden, hysterischen Menge wartete ich in einem hoffnungslos überfüllten Raum auf Einlaß in ihr Audienzgemach. Nach drei Stunden endlich an der Reihe, schickte mich die Schwester der Erleuchteten gebieterisch wieder nach Hause, auf daß ich dann erst wieder mit einem verschwitzten Unterhemd von mir und, falls vorhanden, von dem Mann meines Herzens zurückkehre. Wieder verstrich einige Zeit, dann erreichte ich end-

*Frauen im türkischen Bade
(Miniatur aus dem Museum Türkischer Kunst, Istanbul).*

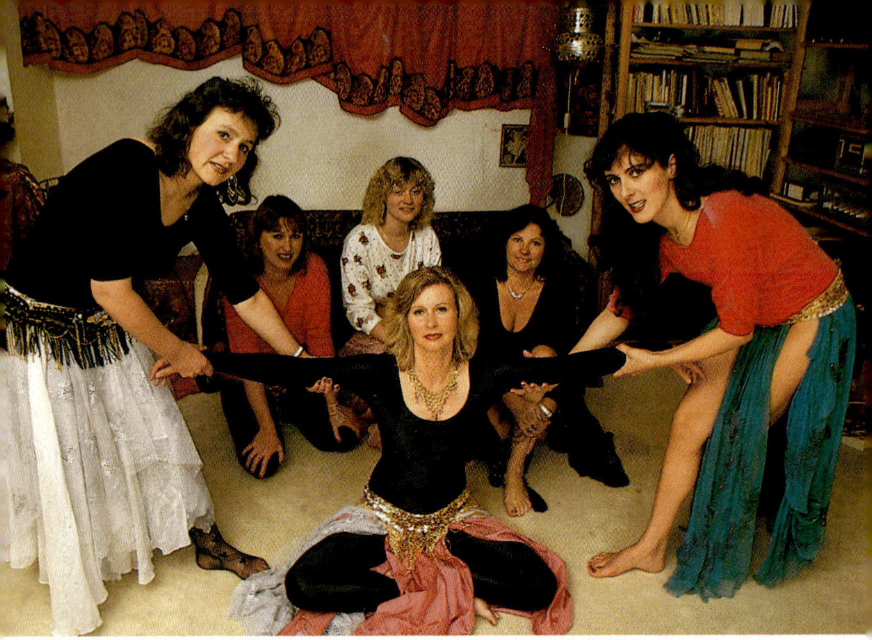

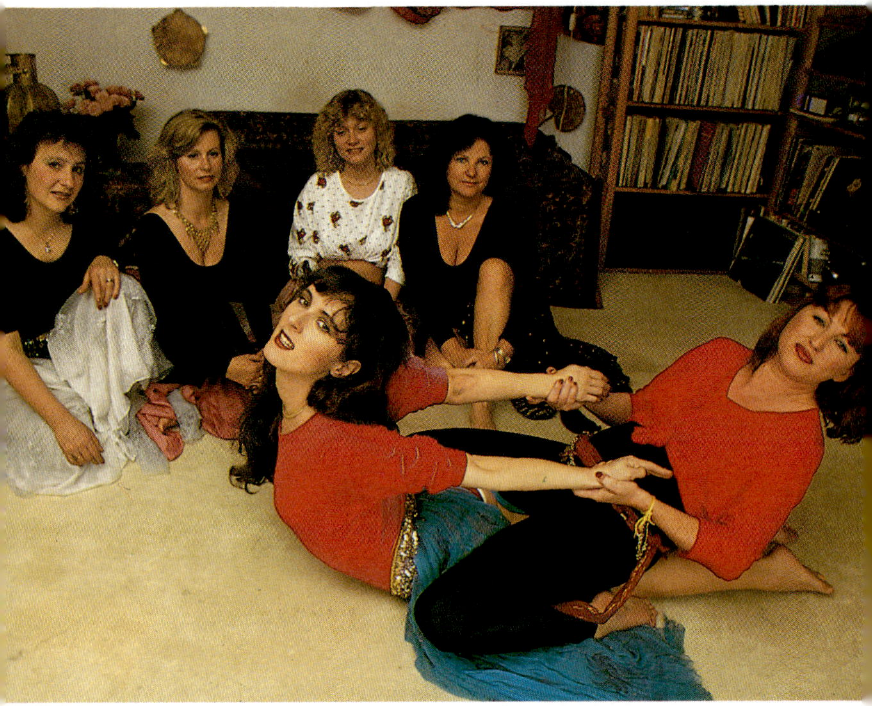

Stoffe aus dem Orient – kein Traum bleibt unerfüllt.

*Linke Seite:
Oben: Passive Schulter-Arm-Dehnung, siehe S. 125.
Unten: Passive »Kobra«, siehe S. 126.*

Fatimidischer Parfümflakon (Kristall), 10. Jh., Fassung: 13. Jh., Essener Domschatzkammer.

lich die heilige Kammer. Vom Lärmschwall, der ihr aus der sich öffnenden Tür wie eine Flutwelle entgegenbrandete, saß, völlig unbeeindruckt, die Hellsichtige neben einem großen, weiß und rosa überzogenen Himmelbett auf dem Boden. Entrückt summte sie ein zärtliches Lied. Von mir nahm sie keine Notiz – außer von meinem mitgebrachten gelblichen Wäschestück, in das sie innig ihr Gesicht vergrub, tief den Geruch einsog und plötzlich weit unter das monströse Himmelbett schleuderte. Ohne den Blick zu wenden, faßte sie ebenso blitzschnell mit der linken Hand durch den Rüschenhimmel über der Matratze hindurch, auf der sie mit ihrem kürzlich verstorbenen Gatten viele Jahrzehnte glücklich gewesen sein soll. Und dann zog sie, siehe da, mein Unterhemd dreifach verknotet hervor. Weder war ein verstorbener noch ein lebendiger Ehemann, noch sonst irgendwer im Bett zu sehen gewesen. Murmelnd hielt die Alte lange Zwiesprache mit dem wohl immerhin anwesenden Geist des Gatten. Pausenlos fächelte sie sich dabei Wind mit meinem Hemd zu. Schließlich schien sie auch meine »restliche« Person zu bemerken und wandte sich mir plötzlich mit offenem, freundlichem Gesicht zu. In klar verständlichen Worten beschrieb sie präzise den Typ Mann, der mich zwar anzog, den ich aber lieber meiden sollte. In der Tat – sie hatte wohl in mein Herz geblickt...

Ähnlich gab sie den verheirateten Frauen Ratschläge, die ihr die Prophezeiung zusätzlich mit dem Hemd des Partners erleichterten. Vom effektvollen Hokuspokus drumherum ganz abgesehen, war es die Stärke dieser Frau, die Charaktereigenschaften eines Menschen am Körpergeruch ausmachen zu können. Indem sie außerdem die Geruchsharmonie der Einzelgerüche zweier Menschen berücksichtigte, traf sie gewiß häufig zutreffende Partnerschaftsanalysen. Kein Wunder, daß sie sich auch zutraute, die künftige Hölle eines gerade frischverliebten Paares vorauszusagen, und so manches böse Blut mit ihrem Einfluß auf zahlreiche Ehen verursachte.

Für mich war sie keine Scharlatanin. Nicht ganz geheuer erscheine ich selbst jedoch meinen Freudinnen, wenn sie sich wieder einmal ihren Liebeskummer bei mir ausheulen. Herzlos unterbreche ich ihre Klagen mit der Frage – eingedenk jener alten Vorstadthexe –, wie ihr Partner eigentlich rieche. Geben sie verwirrt und zögernd schließlich zu, »eigentlich recht gut«, so kann ich mir sämtliche Trennungsratschläge ersparen. Da ist nichts zu machen: Meine Freundin wird immer wieder zu ihm zurückkehren. Paßt ihr der Geruch des Mannes trotz ansprechender Charaktereigenschaften nicht, dann wird sie ihm ohnehin bald den Laufpaß geben.

Schrecklich wäre es, wenn wir keinen Körpergeruch besäßen! Genau damit drohen uns aber die »De-odorants«, was nichts anderes heißt als »Geruch-Wegnehmer«. Das betrügerische Übel, was diese uns zusätzlich antun, ist, daß sie uns einen »dezenten«, aber banalen Synthetikduft aufzwingen.

Der Körpergeruch gibt uns viele Signale. Riechen Sie an Ihrer Wäsche! Sie werden merken, wie sich Ihr Geruch im Laufe des Monatszyklus deutlich verändert. Haben Sie den Eindruck, richtig unangenehm zu riechen, liegt ziemlich sicher eine Stoffwechselstörung zugrunde, der Sie nachgehen sollten. Natürlich ist häufiges Waschen die Voraussetzung, daß sich der Eigengeruch unseres Körpers in angenehmen Bahnen hält. Fünfmal am Tag, nämlich vor den Gebeten, kommen fromme Araber mit Wasser an vielen Körperstellen in Berührung. Fürwahr, im Orient gibt es neben den Düften zwar auch absonderliche Gerüche – einem schlecht riechenden Menschen aber bin ich noch nie begegnet.

Doch nun ist es an der Zeit, sich den luxuriösen Düften zuzuwenden.

Die echten und die synthetischen Düfte

Alljährlich ist es immer wieder spannend, was für neue Düfte auf den Markt kommen. Denn jedes sich durchsetzende Parfüm, mag es gut oder schlecht sein, ist ein bemerkenswertes geschichtliches Dokument.

Faszinierend und beklemmend gleichermaßen ist es, wenn ein solcher Duft auf einmal überall wahrzunehmen ist. Boutiquen bestäuben ihre Lampen damit, die Frauen jedes Alters und Typs umgeben sich plötzlich mit derselben »Wolke«, sogar die Straßenbahnen riechen danach. Und schließlich assoziiert man mit diesem Duft nur noch erdrückenden Alltag. Die Attraktion, die wir mit einem unsere Persönlichkeit unterstreichenden, kostbaren Parfüm liefern wollten, wird uns schnell gestohlen. Ermöglicht hat das eine Parfüm-Industrie, welche überwiegend auf synthetische Duftstoffe zurückgreift und dadurch zur Herstellung ganzer »Parfüm-Meere« in der Lage ist. Von guten und schlechten Ernten pflanzlicher Essenzen, den daraus resultierenden Preisschwankungen sowie weiten Transportwegen unabhängig, sind Beschaffenheit und Preis eines synthetischen Parfüms über Jahre hinweg sicher zu kalkulieren. Die Qualität des Parfüms leidet darunter aber beträchtlich. Ein synthetischer Duft kann niemals so tiefgründig sein wie ein echter, reiner aus der Natur stammender. Das liegt auf der Hand, da die synthetischen, isolierten Duftstoffe zwar die geruchlichen Hauptcharakteristika einer bestimmten natürlichen Essenz nachbilden können, nicht jedoch deren sämtliche, noch weitgehend unerforschten Geruchsbestandteile haben.

So wie die moderne Forschung überrascht feststellen mußte, daß isolierte Heilstoffe häufig eine völlig andere Wirkung als dieselben im Verbund mit der ganzen Pflanze zeigen, so dürfen wir dieselbe Erkenntnis auf die Qualität und Wirkung der Geruchsstoffe anwenden. Ehe ich mich in chemische Besonderheiten verliere, testen Sie selbst die

Unterschiede, die eine ganz normale Nase wahrnimmt: Tupfen Sie sich auf das linke innere Handgelenk ein wenig billiges Rosenöl. Als ersten, angenehmen Eindruck glauben Sie tatsächlich eine frische Rose zu riechen. Doch schon bald bleibt nur noch ein schaler aufdringlicher Rest zurück. Im besten Fall fühlen Sie sich wie ein »Honigkuchenpferd«, nämlich süß und klebrig, oft kommt aber noch eine unerträgliche Säuerlichkeit hinzu. Kein Wunder, daß der umgemischte Rosenduft, eigentlich einer der seit alters edelsten Gerüche, heutzutage nicht mehr beliebt ist.

Um das Experiment zu vervollständigen, leisten Sie sich anschließend echtes Rosenöl. Erschrecken Sie nicht über den Grammpreis von bis zu vierzig Mark (in arabischen Ländern billiger, doch auch hier ist Vorsicht vor Fälschern geboten), denn Sie benötigen nicht viel davon. Sie tragen jetzt ganz wenig von der kostbaren Substanz auf das andere Handgelenk innen auf. Sie werden wie betrunken sein: Den ganzen Tag über wollen Sie diesen Duft aufsaugen, der sich schillernd wie ein Regenbogen, mal dunkler, mal heller, mal leicht, mal schwer, mal süß, mal herb, mit Ihrer Haut vereint. Je länger »die Rose« an Ihnen haftet, desto besser wird sie, so als wollte sie Sie erst kennenlernen, ehe sie sich in voller Schönheit offenbart.

Die Welt der Düfte ist endlos und unergründlich. Die synthetischen gaukeln uns nur eine zwar bunte und abwechslungsreiche, jedoch ziemlich oberflächliche Wirklichkeit vor – genau unserem hektischen Zeitalter entsprechend. Moderne Parfümeure leugnen jedoch mittlerweile nicht mehr, daß einem Kunstprodukt ein gewisses Minimum an echten Substanzen beizumengen ist, damit die Schöpfung gelingt. Allerdings beinhalten selbst teure Parfüms selten echtes Rosen- oder Jasminöl. Ich empfehle Ihnen, sich in alter arabischer Tradition nur mit reinsten natürlichen Substanzen als Parfüm-Künstlerin zu versuchen. Gewiß gab es auch früher schon gerissene Schlitzohren (in diesem Fall wohl eher Schlitznasen), welche tierische, kostspielige Substanzen wie Moschus und Ambra zu fälschen verstanden. Doch konnten jene Alchimisten auch dabei nur auf wertvolle pflanzliche Stoffe zurückgreifen, um die Käufer zu täuschen.

Sie benötigen keine Ausbildung als Chemikerin, Sie brauchen kein aufwendiges Labor, aber Sie müssen Ihrer Phantasie und Ihrer mit Sicherheit vorhandenen künstlerischen Ader vertrauen – ein Hobby der besonderen Art, das gar nicht sehr teuer ist. Gewiß, Sie müssen auch in Kauf nehmen, daß manches mißlingt. Doch dies ist bei reinen Substanzen weit seltener der Fall als bei künstlichen, die nicht so ohne weiteres eine harmonische Verbindung eingehen. Als Anhaltspunkt können Sie sich anfangs nach meinen Rezepten richten.

Man will den Frauen immer wieder einreden, daß sich jedes Parfüm auf jeder Haut anders entfaltet. Das trifft auf Düfte »aus der Retorte« aber weit weniger zu als auf die »lebendigen«. So gehen meiner Erfahrung nach tote Duftsubstanzen mit der Haut und dem individuellen Körpergeruch niemals eine so unverwechselbare Einheit ein wie naturreine Stoffe.

Beim »Rosentest« werden Sie und Ihre Mitmenschen die Rose als solche allein gar nicht mehr so intensiv wahrnehmen, sondern vielmehr kaum unterscheiden können, ob die Rose nach Ihrer Haut oder die Haut »nach Rose« duftet. Ein natürlicher Duft verstärkt die angenehmen Geruchsstoffe Ihres Körpers, ein synthetisches, manchmal viel intensiveres Parfüm hebt gerade unangenehme Geruchsbakterien, die mit dem Schweiß ausgeschieden werden, kraß hervor. Wenn wohlparfümierte Menschen z. B. in einem überfüllten Raum schwitzen, treffen sich zwei Widersacher, die an eine freundliche Verbindung niemals denken, in Ihrer gereizten Nase: Das Konglomerat schaler Herznoten sich verflüchtigender Parfüme und die Summe allen Körperschweißes. Die Ausdünstungen der Menschen allein dürften dagegen noch halbwegs erträglich sein. Mit echten Düften können Sie daher Geruchssignale setzen und Stimmungen hervorrufen, wie es ein »Industrieduft« kaum vermag. Der Unterschied ist ähnlich dem zwischen einem Dia-Vortrag über Ägypten und einer tatsächlichen Reise dorthin.

25. Tag
Unsere Dufterlebnisse – Parfüme zum Selbermachen

»Da, wo sie sich erhoben, da wehte Moschusduft,
als ob Gewürznelken gesüßt die Morgenluft.«
(Imrulkais, gestorben 540 n. Chr., über seine Geliebten)

Praktische Hinweise für Eigenkompositionen

Ob eine Duftmischung gelungen ist, läßt sich erst nach etwa zwei Wochen sagen. So lange nämlich muß Ihr Parfüm nach Fertigstellung in der verschlossenen Flasche »ruhen«. Die verschiedenen Essenzen brauchen diese Zeit, um sich miteinander zu vermählen. Im Idealfall sind danach die Einzeldüfte nicht so ohne weiteres aus dieser Duftharmonie herauszukennen – wie bei einem guten Chor, der die individuelle Vielfalt seiner Sänger zu einer einzigen Stimme verbindet. Parfüme sind natürlich nicht ewig haltbar. Dennoch werden Sie feststellen, daß sie sich wie ein Lebewesen erst nach und nach entfalten und eine gewisse Reife ihnen vorzüglich steht.

Die hier angegebenen ätherischen Öle werden in neunzigprozentigem, unvergälltem Alkohol und mitunter in Benzoeharz-Bröckchen (beides aus der Apotheke) gelöst. Benzoe zerfließt ohne Ihr Zutun von selbst nach ein paar Stunden. Es fixiert andere Duftstoffe und gibt dem Parfüm eine ölige, haftende Beschaffenheit mit einem weichen, vanilleartigen Unterton. Auch die Alten Ägypter konservierten bereits auf ähnliche Weise Duftdrogen in alkoholstarkem Palmenwein.

Heutzutage unterscheidet man allgemein nach dem Gehalt an gelösten Riechstoffen in Alkohol die Produktbezeichnung. So beinhaltet etwa:

Eau de Cologne	2–4 Prozent Riechstoffe
Eau de Toilette	4–7 Prozent Riechstoffe
Eau de Parfum	7–10 Prozent Riechstoffe
Esprit de Parfum	10–12 Prozent Riechstoffe
Parfum	12–20 Prozent Riechstoffe

30 Tropfen eines ätherischen Öls sind ungefähr (!) 1 Gramm. Erscheint Ihnen ein Parfüm zu stark oder die Mischung zu streng, so verdünnen Sie es ein wenig unter weiterer Zugabe von Alkohol oder ¼ der Gesamtmenge mit Rosen-, Nelken- oder Orangenblütenwasser.

Gerüche, die sich nicht vertragen, versöhnen sich häufig mit ein paar weiteren Tropfen Rosenöl.

Sind Sie von einem selbstkreierten Parfüm total begeistert und wollen mehr davon herstellen, so verdoppeln Sie die Menge nicht einfach! Auch eine gute Köchin vervielfacht nicht ohne weiteres die Gewürzmenge, wenn Sie für mehr Personen kocht als im Rezept angegeben. Anstatt z. B. in die fünffache Menge Alkohol das Fünffache an Geruchsstoffen zuzusetzen, bereiten Sie fünf einzelne Fläschchen Ihres Grundrezeptes zu. Ein anderes Phänomen kennen Sie sicher auch: Sie kochen haargenau mit denselben Zutaten und Mengenangaben ein leckeres Gericht Ihrer Freundin nach, und es schmeckt dennoch etwas anders. Genauso ist es mit den selbstgemachten Parfüms, was es zu einem reizvollen und meist erfolgreichen Abenteuer macht.

Aus den Mischungsverhältnissen meiner Parfüms können Sie in etwa ersehen, welche Duftstoffe für eine Komposition schon in Spuren ausreichen und welche verschwenderischer zur Anwendung kommen dürfen.

In preisgünstigen, dunklen, lichtgeschützten Fläschchen sind Ihre Parfüms am besten aufbewahrt. Schöner ist natürlich ein exquisiter Flakon, welcher der Ästhetik des Geruchs auch optisch entspricht. Psychologische Tests brachten zutage, daß in einem erstaunlichen Maße die äußerliche Aufmachung des Parfüms den Käuferwillen beeinflußt. Doch was nützt uns die noble Flasche zu Hause auf dem Toilettentisch, wenn der Geruch uns und andere auf der Haut betören soll?

Orientalische Duftnoten

Ein Parfüm mit typisch »orientalischer Note« zeichnet sich durch Weichheit, Sinnlichkeit und Wärme aus. Es kann »narkotisch« wirken, so daß Ihr Gegenüber seinen Verstand verliert und seine verborgensten Triebe zutage treten. Es kann aber auch zusätzlich stimulierende, erotisch aktivierende Stoffe enthalten. Folgende Geruchskomponenten sind hierfür typisch:

Rose, Jasmin, Sandelholz, Ylang-Ylang, Tuberose, Hyazinthe (deren Öl ich in Deutschland leider noch nicht finden konnte), Jonquille, Flieder, in winzigen Spuren Oleander, Nelken, Zimt und Kardamom, aromatische Harze – um nur die wichtigsten zu nennen. Man kommt durchaus ohne die tierischen Substanzen Moschus und Ambra aus! Haben Sie jedoch ein wohlriechendes pflanzliches Moschusersatzöl ausfindig gemacht, so nehmen Sie einen Teil Ihres gemischten Lieblingsparfüms und lassen etwas Moschus hineintropfen.

Chalid Anwar, einer der aussterbenden, noch traditionsbewußten Parfümeure Kairos, erzog meine Nase aufs beste, nachdem er mein ernsthaftes Interesse wahrgenommen hatte: So machte er mich monatelang immer nur mit jeweils zwei Düften vertraut. Und in der Tat, wenn man die richtigen findet, vereinigen sie sich zu einer geruchlichen Symphonie, hinter der man die simple Grundkomposition nicht vermutet.

Experimentieren Sie mit den ätherischen Essenzen folgender Riechstoffe:

I. Eine rassige Mischung	35 Tropfen Moschus 15 Tropfen Weihrauch auf 8 ml Alkohol
II. Romantisch	25 Tropfen Moschus 25 Tropfen Rose auf 8 ml Alkohol
III. Warm	25 Tropfen Sandelholz 25 Tropfen Rose auf 8 ml Alkohol
IV. Ein Sommertraum	35 Tropfen Rose 15 Tropfen Jasmin auf 8 ml Alkohol

Ist Ihnen die Mischung zu stark oder zu schwach, dann ändern Sie ruhig ein wenig das Mischungsverhältnis, verstärken oder verdünnen Sie es nach Belieben. Schon bei zwei Essenzen gibt es eine Reihe von Möglichkeiten. Und denken Sie daran: Erst nach einer Weile ist die Nase reif für eine dritte Duftessenz. Entfalten Sie lediglich die obigen Grundmischungen weiter, z. B.:

Variation I	25 Tropfen Moschus 15 Tropfen Weihrauch 10 Tropfen Rose auf 8 ml Alkohol
Variation II	25 Tropfen Moschus 20 Tropfen Rose 5 Tropfen Jasmin auf 8 ml Alkohol

Variation III	25 Tropfen Moschus
	15 Tropfen Rose
	10 Tropfen Sandelholz
	auf 8 ml Alkohol
Variation IV	30 Tropfen Rose
	15 Tropfen Sandelholz
	5 Tropfen Jasmin
	auf 8 ml Alkohol

Bereits hier sind Ihrer Kombinationsphantasie kaum Grenzen gesetzt. Wenn Sie sparen müssen, mit einer vierten Essenz aber weiter experimentieren wollen, halbieren Sie die fertig ausgereiften Dreifach-Mischungen. Bitte vergessen Sie nicht, mit dem Inhalt beschriftete Etiketten auf die Fläschchen zu kleben! Vergleichen Sie dann die Unterschiede zwischen der einen Dreifach- und der daraus neu entstehenden Vierfach-Mischung. Lassen Sie sich viel Zeit; beschäftigen Sie sich täglich nur mit einem neuen Parfüm. Nehmen Sie an manchen Tagen nur die alten Fläschchen aus dem Regal, schnuppern Sie daran, betupfen Sie damit Ihren Puls, die Armbeugen, die Kniekehlen, den Nacken, die Stellen hinter den Ohrläppchen und schließlich den Rocksaum. Genießen Sie während des ganzen Tages, wie überraschend sich der Duft jeweils noch entfaltet.

Auch die folgenden Duftnoten sind alten, zum Teil nur mündlich überlieferten orientalischen Mischungen entlehnt, die allerdings, wie Sie sich schon denken werden, jeder Parfümkünstler wieder individuell verändert.

Den Namen denkwürdiger Frauengestalten des Orients habe ich diese Parfüme gewidmet:

Alagune
(**Nebenfrau des Artaxerxes**)

5 Tropfen Ylang-Ylang
7 Tropfen Rose
2 Tropfen Neroli
¼ Teelöffel Benzoe
auf 5 ml Alkohol

Sein Duft ist weich und holzig.

Dschemelalifa
(**schöne Tscherkessen-Sklavin**)

11 Tropfen Jasmin
5 Tropfen Rose
7 Tropfen Sandelholz
1 Tropfen Tuberose
6 Tropfen Geranie
4 Tropfen Bergamotte
1 Löffelspitze Benzoe
auf 8 ml Alkohol

Sein Duft ist sinnlich betäubend, aber mit einer zarten frischen Note abgerundet.

Sasilekha
(**altindische Nymphe**)

22 Tropfen Sandelholz
10 Tropfen Patchouli
10 Tropfen Ylang-Ylang
½ Teelöffel Benzoe
etwas gelöster Storax
(falls erhältlich)
auf 8 ml Alkohol

Sein Duft ist rassig, warm und weniger süß.

Ruweika
(**Geliebte des arabischen Dichters Sijad Hamal**)

18 Tropfen Moschus
3 Tropfen Tuberose
3 Tropfen Neroli
2 Tropfen Jasmin
5 Tropfen Rose
auf 8 ml Alkohol

Sein Duft ist von verführerischer Süße.

Ulaya	25 Tropfen Sandelholz
25 Tropfen Rose
5 Tropfen Ylang-Ylang
5 Tropfen Patchouli
¼ Teelöffel Benzoe
auf 10 ml Alkohol

Dieses aufregende sinnliche Parfüm, das durch einige Tropfen Moschus zu einem aphrodisischen Rauschmittel wird, soll nicht an mich erinnern, sondern an meine Namenspatin, die anmutige Halbschwester des Harun-ar-Raschid, deren großes Talent im Gesang bestand. Sie ist das Sinnbild einer klugen, lebensfrohen und schöpferischen Frau in der glanzvollen Ommejadenzeit am Hofe Bagdads. Mit überzeugendem Charme behauptete Ulaya mutig ihre freien Lebensansichten während der mitunter grausamen Herrschaft Haruns, der schon seine andere Halbschwester »Abbasah« samt Kind aus Eifersucht ermordete. Ja, Ulaya wagte dennoch, sogar laut und lachend zu verkünden, daß denjenigen, »der sich an ihren Genüssen bei vollbesetzter Tafel nicht erfreue, der Teufel holen möge«.

Imponierend, daß es in der arabischen Geschichte immer wieder Frauen gab, die mit ihrer Persönlichkeit Lichtblicke in jenen Zeiten setzten, in denen Leidenschaft und Liebe, Freiheit und Schreckensherrschaft oft unglücklich miteinander verwoben waren. Beherzt stand Ulaya ihrer ebenso wachen Schwägerin »Zobeida«, der Gattin des laurischen Kalifen, in verfahrenen Situationen bei und zog so manches Mal an den politischen Fäden – zum Wohle des Volkes.

Der richtige Umgang mit Düften

Längst sind wir nicht mehr in dem Maße wie unsere Vorfahren den bestialischen Gestänken von Abwässern und Kloaken ausgesetzt, wenn wir auch noch entsetzlich unter den Dunstglocken unserer Städte leiden. Todbringende Pestbeulen strömten früher einen warnenden, grauenerregenden Hauch aus. Heute warnen häufig gerade die giftigsten Gefahren (z. B. die Strahlen der Kernspaltung) am wenigsten mit ihrem Geruch.

Auf der anderen Seite werden wir mit »angenehmen« Duftstoffen geradezu überschwemmt, welche uns Frische oder Echtheit eines Produktes vorgaukeln wollen: die Zitronenfrische synthetischen Ursprung bei einem Putzmittel, der Echt-Ledergeruch eines Kunstlederkoffers und die Millionen Tonnen Deosprays.

Natürlich riecht kaum noch etwas, sei es angenehm oder abstoßend. Hand aufs Herz: Wann haben Sie die letzten wirklich aromatischen Tomaten, Gurken oder Eier gegessen oder echten Blütenduft in Gärten wahrgenommen? Abgesehen von der möglichen Gesundheitsschädigung dieser zahlreichen, völlig überflüssigen »Chemiedüfte«, vergiften wir auf alle Fälle unser Gemüt, unsere Wahrnehmung und unsere Sinnlichkeit – eine regelrechte »Duftverschmutzung«!

Ihre mittlerweile verwöhnte, geschulte Nase wird nun sowieso schon einen Bogen um alles minderwertig Parfümierte machen, wie z. B. um entsprechende Waschmittel, Weichspüler, Körperlotionen und Seifen. Es gibt diese Erzeugnisse auch ohne Duftzusatz. Lediglich Pflegemittel mit echten wohlriechenden Essenzen, z. B. Orangenblütenwasser, Myrrhe, Speiköl usw., pflegen tatsächlich, wobei über die Menge des zugesetzten Naturstoffes im Verhältnis zum Preis natürlich noch nichts ausgesagt ist.

Es wäre andererseits aber ebenso Unsinn, echte ätherische Öle, Räucherwerk und aromatische Gewürze im Übermaß zu genießen. Die außergewöhnliche Stimmung, die z. B. Weihrauch verbreitet, sollte nicht zu jeder Gelegenheit konsumiert werden. Ob Sie religiös sind oder nicht, die heilende Wirkung brennender Harze auf Körper und Seele entfaltet sich in ruhigen meditativen Momenten am besten; das kann ein besonderer Festtag oder auch nur ein persönlich wichtiger Anlaß sein.

Geschickt wende man auch seine kostbaren Parfüme an. Im Arbeitsstreß des Tages könnte ein wundervoller, hochwirksamer aphrodisischer Duft sich allmählich in das Symbol eines grauen Arbeitstages verwandeln: Wollen Sie einen Mann mit diesem Parfüm spätabends verführen, werden Sie in Gedanken noch im Büro sitzen. Von manch vertrauten Düften sollte man sich sogar ganz trennen: Nach jeder vergangenen Liebe ein neuer Geruch, damit Sie wirklich von vorne beginnen!

Dann gibt es noch die Frühlings-, Sommer-, Herbst- und Winterdüfte. Wählen Sie mit Bedacht immer nach Gelegenheit aus. Zwischendurch sollte man vollkommen »geruchlose« Phasen einlegen. Auch Stoffe beeinflussen das Spiel mit den Düften entscheidend. Seide ist geradezu ein Filter für alle unangenehmen Ausdünstungen. Zarte, blumige und süße Aromen entfalten sich hier auf idealste Weise. Ähnliches trifft auf die atmungsaktive Kleidung aus Naturfasern zu. Manche Duftöle entfalten sich in Stoffen sogar besonders eigenwillig. Patchouli ist der klassische Fall hierfür: Als ein Hauch in Leinentüchern entwickelt er eine subtile Note, die sich auf der Haut völlig anders, aber nicht weniger apart ausbreiten kann. Wenn man ihn sparsam mit anderen Komponenten vereint, ändert er wiederum überraschend seine ganze Ausstrahlung.

Wenn Sie ein Tagebuch führen, vergessen Sie nie einzutragen, von welchen Gerüchen Sie in jeder Lebensphase begleitet werden. In meinem Ebenholzschränkchen steht ein Sammelsurium von alten, halbleeren Duftflakons. Manchmal führe ich einen zur Nase und reise weit in die

Vergangenheit zurück, so intensiv, wie ich es mit keinem Fotoalbum oder Film jemals vermag. Im richtigen Umgang mit Duft werden sich aber gerade in der Gegenwart schönste Erlebniswelten jeglicher Art für uns auftun.

26. Tag
Das Hammam

El Hammam – das Bad. Es ist kein acht Quadratmeter großer gekachelter Raum, mit dem viele von uns sich bei der Verrichtung der Körperpflege begnügen müssen. Es ist auch kein Schwimmbad oder eine Sauna im abendländischen Sinne. Gewiß, es ist auch ein Schwitzbad. Doch der Unterschied zu einer finnischen Sauna ist vergleichbar dem zwischen einem Telefonbuch und einem atemberaubenden Schicksalsroman.

Die plätschernden Fontänen im Ruheraum eines Bades in Bursa können von fröhlichen Brautfesten erzählen, bei denen bis zu zweihundert Freundinnen und weibliche Verwandte des Mädchens die bevorstehende Hochzeit feierten und der Braut bei der Toilette aufs sorgfältigste halfen: sie schminkten, tafelten zusammen, sangen und tanzten.

Längst hat das Bad nicht mehr die gesellschaftliche Funktion, seit die türkischen und arabischen Familien über Dusche und fließendes Wasser daheim verfügen. Doch selbst in einer engen ärmlichen Etagenwohnung ist die hohe Körperkultur vergangener Tage noch zu spüren. Wenn Sie in Kairo etwa einen Besuch bei einer ganz normalen, Ihnen kaum bekannten Familie machen, liegt dieser Ihr körperliches Frischegefühl zunächst am meisten am Herzen. Man zeigt Ihnen sofort eine Waschgelegenheit, und wenn in armen Vierteln wieder einmal das Wasser ausgefallen ist, hat man dafür schon vorher eine »Olla«, einen Tonkrug mit herrlich kühlem Wasser, bereitgestellt.

Sie erhalten einfache Haussandalen und eine frischgewaschene Galabeja, das bequeme, weitgeschnittene, bodenlange Gewand der Ägypter, damit Sie nicht in Ihrer staubigen Straßenkleidung sitzen bleiben müssen.

Auch ich habe gerade meine Kleidung abgelegt, den Lärm der Großstadt hinter mir gelassen und entspanne mich auf einer von unten gewärmten Marmorplatte im Schwitzraum eines großen, alten osmanischen Hammams in Istanbul. Die vom Dampf umwobenen Gestalten um mich herum scheinen aus einer nebulösen Vergangenheit gekommen zu sein, um mich zu besuchen. Als mein Blick den durchfurchten Marmorsäulen hinauf zur Kuppel folgt, wo das Licht durch Fensterchen in Form kleiner Monde die Szenerie in ein unglaubliches Bühnenbild verwandelt, ist »Zeit« für mich plötzlich kein faßbarer Begriff mehr. Ich fühle mich gleichzeitig in allen Jahrhunderten gegenwärtig.

Dabei war ich doch gekommen, um den Niedergang des Hammams im 20. Jahrhundert bestätigt zu sehen. Denn die alten Frauen beklagen, daß das öffentliche Bad nicht mehr *der* gesellschaftliche Treff ist, der es seit ewigen Zeiten war. Dann glimmt in den Augen dieser Frauen ein Funke auf, und sie erzählen von üppigen Festen (die etwas bescheidener aber auch noch heute stattfinden), von Verschwörungen, Klatsch, Intrigen, aber auch erbaulichen Diskussionen, Rezitieren von Gedichten und Liedern, vor allem aber von dem ungeheuren Zusammenhalt der Frauen untereinander, die sich regelmäßig zum Waschen, Schwitzen und Pflegen trafen. Dabei teilten sie Freude und Kummer, heckten Ehekontrakte aus und waren über alles, auch über ernste politische Angelegenheiten, bestens informiert.

Ich gehe in die wie üblich mit Pflanzen geschmückte Ruhehalle, und obwohl die künstlichen Blumen ein wenig kitschig sind, spüre ich das ernste Anliegen der Badeverwaltung, durch die Schönheit der Umgebung den Gast stets zu erfreuen.

»...Man muß den Platz, an dem der Badende sich zum Ausruhen niederlassen wird, mit grünem Laub, z. B. mit Bananenblättern oder Myrten, schmücken, muß Blumen hinstellen und entsprechend der Jahreszeit Wohlgerüche verbrennen«, forderte Munawi im 16. Jahrhundert in Kairo.

Welch heitere Atmosphäre! Und ich muß mit Wehmut an meine längst verstorbene Großmutter denken, die um die Jahrhundertwende in einem deutschen Mädchenpensionat zur Schule ging und die als Hochbetagte noch lebhaft den Kontrast schildern konnte, den sie als junges Mädchen zwischen den Bädern von Kairo und den wöchentlichen Waschungen im Internat empfand. In diesem nämlich mußten die heranwachsenden, mit ihrer Pubertät völlig alleingelassenen Mädchen in abgeteilten, sämtlichen Blicken der Freundinnen und durch einen Vorhang auch der Aufsichtsperson verborgenen, spartanischen Badekabinen sich recht und schlecht säubern. Eher schlecht, denn auch der eigene Körper durfte vor einem selbst – um Gottes willen! – nicht entblößt werden. Ein weißes Hemd war selbst noch in der Wanne zu tragen. Die Sünde, sich anzuschauen, wurde nur noch von der Sünde, sich anzufassen, übertroffen. Eine ältliche Lehrerin ging unterdessen vor den Kabinen auf und ab und wachte darüber, daß in diese Grabesstimmung nicht doch ein Funken von Heiterkeit flöge.

Seitdem ist in Mitteleuropa einiges anders geworden. Heute gehen Frauen und Männer zusammen in die Sauna. Dies wiederum wird von den Orientalen ungläubig registriert. Frauen und Männer gleichermaßen würden sich durch das andere Geschlecht bei ihrem Hammam-Besuch gestört fühlen. Die Atmosphäre von Bad, Körperpflege und Entspannung ist ideal für gleichgeschlechtliche Zusammenkünfte, bei denen wir uns viel freier geben können. (Traurig genug, wenn uns ein nackter Mann in der Sauna nicht mehr aufregt.) Viele Frauen können sich während der Entspannung viel freier über ihre Probleme unterhalten. Sie brauchen keine männlichen Zuhörer, sie fühlen sich im solidarischen Kreis der anderen Frauen wohler, selbst wenn sie sich nicht alle persönlich kennen. Und der erotisch prickelnde Reiz hautnaher Saunabekanntschaften mit Männern? Ach gäbe es ihn doch! Man kann sich zwar alles gleich »genau anschauen«, aber wie langweilig ist das doch. Der Blick eines Mannes, während ich mich im nüchternen Holzhäuschen nackt schwitzend meiner Schlacken entledige, ist für beide Seiten nicht sehr ergötzlich. Ergibt sich aus der Begegnung dennoch ein Flirt, dann kennt der Mann meinen Körper schon, allerdings in einer wenig vorteilhaften Situation, und kann sich weniger in Phantasien darüber ergehen.

Weniger aus Furcht vor geschlechtlichen Übergriffen schütteln die Orientalen über diese Form der Badezeremonie den Kopf – denn Freude an Ausschweifungen könnten sie noch verstehen, wenn auch keinesfalls billigen: Vielmehr staunen Männer wie Frauen über die öffentliche Verschmelzung privater Bereiche im abendländischen Zusammenleben der Geschlechter.

Die strikte Trennung von Frauen und Männern in den Bädern des Nahen Ostens halte ich nicht für eine frauenfeindliche Handhabung oder gar für Prüderie. Hier zeigt sich die Abgrenzung von Lebensbereichen in positiver Form. Gewisse Distanz zwischen den Geschlechtern ist ungeheuer reizvoll. Eine Schreckensvision für mich ist die Gesellschaft von Männern, wenn ich meine mit Salböl vorübergehend eingefetteten Haare häßlich präsentiere. Oder sollen sie etwa zuschauen, wenn ich mich enthaare? Sie müssen auch nicht die Gespräche mit meiner Freundin über die Behebung von Schönheitsmängeln mit anhören. Auch bei der Massage möchte ich keine Männer dabeihaben. Schön wäre es auch, wenn unsere Saunen Liegen oder Bänke hätten, die geeignet wären, den Badegästen untereinander die Möglichkeit zur Massage zu geben.

Für den orientalischen Mann ist das Frauenbad eine wichtige und feste Institution. Ja, ein wohlhabender Mann oder einer, der als solcher gelten möchte, war schon immer stolz auf die kostbaren Pflegemittel, die sich seine Frau leisten kann. Aus egoistischen Gründen, damit sie lange für ihn schön bleibt? Nein, denn er steht ihr in diesem Punkt wenig nach und achtet sehr auf seinen Körper.

Ein wirklicher Frauenhasser, der jedoch die Ausnahme seit Jahrhunderten gewesen sein dürfte, war der exzentrische Kalif Hakim, den im Vorüberreiten das laute Geschrei der wahrscheinlich gerade sehr lustigen Frauen aus dem Hammam so unheimlich erboste, daß er kurzerhand die Eingänge zumauern und alle Badenden verhungern ließ ...

Mit zwei bis drei Stunden ist es bei einem stilechten, traditionellen Hammam-Besuch nicht getan. Das mindeste an Zeitaufwand ist ein halber Tag, das Übliche ein ganzer. Unglaublich, daß die Frauen trotz großer Kinderschar und Haushaltspflichten in der Regel einmal wöchentlich dazu Zeit fanden – und finden. Die Arbeitsteilung in der Großfamilie macht es möglich. Kleinere Kinder durfte man außerdem schon immer ins Bad mitnehmen. Da die Männer, die selber gerne ausgibig baden, den Hammam-Tag der Frauen normalerweise als selbstverständlich betrachten, müssen sich diese die Zeit auch nicht »wegstehlen«. Erwartungsvoll werden die Mütter heranwachsender Söhne bei der Rückkehr empfangen, denn jene liefern ausführliche Informationen über in Frage kommende Schwiegertöchter. Nirgendwo spiegelt sich meiner Meinung nach der gesellschaftliche Stand der Frauen so deutlich wie im Zustand ihrer Hammam-Gebräuche.

Heutzutage, aufgrund des nachlassenden Interesses am öffentlichen Bad als Treffpunkt und Unterhaltungszentrum, isolieren sich die Araberin und Türkin immer mehr von regelmäßigen gleichgeschlechtlichen Kontakten, als es früher der Fall war – und wird dadurch der Europäerin immer ähnlicher. Ein weiteres Indiz für den Identitätsverlust mancher Orientalinnen liefert mir die banale Tatsache, wenn sie unkritisch zu westlichen Kosmetik-Konsumartikeln greifen.

Und ganz sicher muß und wird die Emanzipation der Frauen im Orient nicht genauso verlaufen wie in Europa. Eine Studentin in Kairo erzählte mir stolz, daß gegenwärtig, wie in der Blütezeit der frühislamischen Kultur, Frauen aus allen Schichten vermehrt die Universitäten besuchen – freiwillig verschleiert und an diesem Orte nur wegen ihrer geistigen Fähigkeiten von den Männern wahrgenommen. Ratloses Kopfschütteln herrscht dagegen darüber, daß die europäischen Frauen ihre Körperreize in der Öffentlichkeit betonen, sich dann aber über aufdringliche Männer aufregen.

Überrascht stelle ich aber fest, daß die Geselligkeit im orientalischen Bade sich mir nichtsdestotrotz auch im 20. Jahrhundert genauso offenbart, wie Munawi vor langer Zeit schon empfohlen hatte: »Man soll mit einer Gruppe von gebildeten und gelehrten Freunden ins Bad gehen...«

27. Tag
Der Badevorgang

»Der Anblick solcher Schönheit läßt sich Euch nur schwer beschreiben. Fast alle Mädchen hatten eine außergewöhnlich schöne Figur. Ihr Teint war von einer auffallenden Blässe. Ihre Schönheit verdankten sie wohl dem häufigen Besuch des Hammams.«
(Lady Montagu, 1718, anläßlich eines Hammam-Besuches während einer Hochzeitszeremonie)

Das Badehaus ist im allgemeinen in drei Haupträume eingeteilt. Im *camekan* (türkisch) oder *maslah* (arabisch) entkleidet man sich mit Hilfe der zuvorkommenden Bademeisterin, welche die Sachen sorgfältig zusammengefaltet in Holzregale legt und einen verschwenderischen Ballen frischer Handtücher für Sie bereithält. Die Füße steckt man in schwindelerregend hohe Holzpantinen, die dämonisch durch die Gewölbe hallen. In diesen Raum mit den lauschigen Nischen und weichgepolsterten Liegen kehrt man später zum Ausruhen, Teetrinken und Speisen zurück. Man kann gegen mehr Entgelt auch einen privaten Ruheraum mieten, doch meistens ist es dort sehr langweilig.

Jetzt tritt man in einen mäßig geheizten Raum, *soğukluk* (türkisch), *awwal* (arabisch: der »erste«), um sich auf die zu erwartende Hitze im eigentlichen Schwitzgemach vorzubereiten. In diesem Abschnitt verweilen die heutigen Badenden nur kurze Zeit. Bis ins 18. Jahrhundert jedoch war die allmähliche Gewöhnung an die Hitze und anschließend wieder an die Kälte eine vordringliche medizinische Regel. In den alten Bädern gab es daher sogar noch einen weiteren, wiederum ein wenig wärmeren Abschnitt *wastani* (arabisch: der »mittlere«). So wurde das Bad entsprechend seiner vier Temperaturunterschiede gerne mit den natürlichen Jahreszeiten verglichen. Nach wie vor empfehlenswert ist es, sich in kälteren Jahreszeiten im »awwal« umzuziehen.

Schließlich gelangt man in den eigentlichen Schwitzraum, *hararet* (türkisch), *harara* (arabisch). Dank raffinierter Leitungssysteme und Heißwasserreservoirs gab es schon früher immer reichlich heißes Wasser, häufig von Trinkqualität, aus Hähnen, die in den Sultansbädern des Topkapi Sarays freilich aus purem Silber und Gold gearbeitet waren.

Auch ein Tauchbecken ist hier oder in einem Nebengelaß vorhanden. Die beachtliche Hitze ist feucht, im Gegensatz zur trockenen einer finnischen Sauna. Der Dampf strömt durch kleine Öffnungen in den von unten kräftig geheizten Marmorraum. Hier lümmelt man sich also höchst malerisch auf den warmen Steinen oder Bänken, läßt sich von hilfsbereiten Badedienerinnen oder Freundinnen massieren und pflegen. Anfangs und zwischendurch wäscht man sich immer wieder mit fließendem Wasser und reiner Seife oder anderen Reinigungspräparaten. Heiße Fußbäder fördern das Schwitzen auf angenehme Weise.

Wichtig ist also, daß zuallererst der Körper warm wird, bevor man mit irgendeiner Art von Säuberung beginnt. Danach ist die Reihenfolge der Pflege keinen strengen Vorschriften unterworfen. Ich wasche mich zum Beispiel zuerst von Kopf bis Fuß mit Wasser und Seife, trockne mich ab und beginne zu schwitzen.

Gewiß wenden auch Sie zu Hause öfter das altbewährte Gesichtsdampfbad zur Öffnung der Poren und Tiefenreinigung des Teints an. Dieselbe Wirkung auf den ganzen Körper hat nun auch das klassische orientalische Schwitzen bei Dampf, das wohltuend für die Atemwege ist – besonders, wenn gute aromatische Kräuter zugesetzt werden.

Habe ich genug geschwitzt, so verlangt es mich nach der Abreibung mit dem unverzichtbaren rauhen Ziegen-, Roßhaar- oder Wollhandschuh, dem »Kīs«. Natürlich strenge ich mich nicht selber an, sondern überlasse dies der Bademeisterin oder einer Freundin. Sie beginnt an den Schultern, streicht die Arme, immer Richtung Herz, setzt die Behandlung am Rücken und Bauch fort und endet mit den Beinen.

Je nach Hautbeschaffenheit und individueller Verträglichkeit reibt sie mal kreisförmig mit stärkerem bis schwächerem Druck, mal zart und geradlinig, und zwar so, daß eine kontinuierliche Spannung auf der Haut herrscht. Diese darf niemals gezerrt werden. Es bedeutet den ganzen Stolz der Badefrau, wenn sie die sich lösenden Hautpartikel als lange Walzen der Massierten präsentieren kann. Gelingt ihr das nicht, verliert sie den Ruf ihrer Geschicklichkeit. Besonders anspruchsvolle Badegäste testen nach dieser Behandlung kritisch das Ergebnis, indem sie sich mit den Fingern über den Leib fahren; nur wenn diese dabei einen ganz bestimmten Ton hervorrufen, ist man zufrieden.

Daraufhin schüttet mir die Bademeisterin mehrere Kübel sehr warmen Wassers über den Körper, und obwohl ich mich krebsrot in einem Ameisenhaufen liegend sehe, fühle ich mich herrlich durchblutet. Die Prozedur wird, ein wenig kräftiger, noch einmal wiederholt. Meine Haut fühlt sich jetzt schon wunderbar rosig und glatt an. Erstaunlicherweise finde ich trotz kritischer Begutachtung keine blutunterlaufenen Stellen, die ich bei dieser kräftigen Behandlung schon befürchtet hatte.

Es gelüstet mich nach einer Massage. Doch zunächst wäscht und spült die Badefrau ausgiebig meinen Kopf und meinen Körper. Ich selber entferne mir dann die Haare an unerwünschten Stellen und pflege diese anschließend mit einer »Maske«.

Was für eine angenehme Überraschung: Eine unbekannte Frau, die mich schon lange freundlich angelächelt hat, steht bereitwillig der Badefrau während der Massage bei. Die eine zieht sanft an den beiden nach vorne gestreckten Armen, die andere an den ausgestreckten Beinen. Kein Gelenk wird ausgelassen. Das sprichwörtliche wohltuende »Knacken« ist zu hören. Mal liege ich bäuchlings, mal rücklings. Eine massiert sanft den unteren Rücken, die andere kümmert sich gleichzeitig um meine verspannten Schultern. Selbst wenn ich sehr verkrampft wäre, wüßte ich bei vier Händen nicht, wo ich mich ängstlich verhärten sollte, und lasse demzufolge völlig los.

Nachdem die beiden mich »butterweich« gemacht und meinen Körper also schon besser kennengelernt haben, gehen sie in die Tiefe. Die schwergewichtige Bademeisterin setzt ihren rechten Fuß auf meine obere linke Rückenseite und drückt sanft, aber unerbittlich nach oben, während ich kräftig ausatmen muß. Bald schon zieht das gesamte Körpergewicht dieser Frau erst die linke, dann die rechte obere Rückenhälfte in die Länge. Als Krönung steigt die ungewöhnliche Masseurin mit ihrem zweiten Fuß nun auf die entgegengesetzte untere Rückenseite, also: rechter Fuß – rechte obere Rückenseite, linker Fuß – linke untere Rückenseite, anschließend natürlich umgekehrt. Bei anderen Frauen sah ich, wie diese geschickte Frau auf dem Rücken elegant spazierenging. Wenn Sie es selbst ausprobieren wollen, so seien Sie jedoch anfangs vorsichtig; arbeiten Sie nach demselben Prinzip, aber mit den Händen. Auf die Wirbelsäule direkt darf kein Druck ausgeübt werden, nur auf die Stellen daneben.

Zum Schluß reibt man mir etwas Öl in die Haut. Ich ruhe und schwitze ein wenig. Immer dann, wenn mir die Hitze zuviel wird, dusche ich mit kühlem Wasser und trockne mich wieder ab. So halte ich es lange im Schwitzraum aus. Mit dem Handtuch oder dem Rubbelhandschuh lösen sich noch die letzten fettlöslichen Schmutzteile. Man könnte meinen, jetzt eine zwar saubere, jedoch etwas ausgetrocknete Haut zu haben. Ganz im Gegenteil fühlt sich meine Haut jedoch prall und weich an.

Der alten Regeln gedenkend, verweile ich anschließend zwanzig Minuten in dem mäßig warmen Raum. Eine liebe Freundin raspelt mir mit einem rauhen Stein die Fußsohlen und schenkt mir noch eine Fußmassage, die sich als genauso phantastisch wie die Ganzkörperbehandlung erweist.

Nun gehen wir zusammen in den frischen Ruheraum, warm verpackt in Handtücher, die wir immer wieder durch trockene ersetzen, da wir noch eine Weile tüchtig nachschwitzen und auch danach warm und trocken eingehüllt bleiben müssen. Ach, es ist der köstlichste Tee seit langem, den wir durstig in kleinen Schlückchen genießen. Die kühle Luft erquickt unsere Lungen. Wir fühlen uns gleichzeitig zum »Bäumeausreißen« stark wie herrlich erschöpft. Jetzt bin ich aber an der Reihe, mich für die erwiesenen Wohltaten der anderen zu revanchieren. Ich packe meinen reichlichen Proviant aus, und die Alten wie die Jungen lecken sich mit kindlicher Freude die Lippen: Wir verspeisen gegrillte Lammköfte, verschwenderisch mit Dill, Pfefferminze und Petersilie gewürzt, gefüllte Weinblätter, Lattich-Salat, in Blätterteig gebackenen Schafskäse, kleine Schälchen gelierter Aprikosen, aber auch süßes fettes »Bakhlava« und in Schmalz gebratene »Damennabel« (ein süßes Schmalzgebäck). Es wird eine kultivierte Völlerei – niemand spricht von Diät.

Mittelalterliche Ärzte hätten freilich die Stirn gerunzelt. Schon damals kritisierten sie die der Gesundheit wenig zuträgliche Eßlust der Frauen im Bade. Nicht Fett anzusetzen sei im Sinne dieser Einrichtung, sondern Entschlackung und Entlastung des Körpers. Neben fetten, gebratenen, salzhaltigen Speisen hielt man auch Wassermelonen, so erfrischend sie auch sein mögen, für schädlich nach dem Schwitzen. Die ideale Diätempfehlung schien so auszusehen: Während Weihrauch verbrennt, nehme man, wenn die normale Körpertemperatur wieder erreicht ist, gekochtes Mastküken langsam zu sich, etwas Brot, ein leichtes Mandelgebäck, ein paar Äpfel. Anschließend schlafe man und trinke danach viel Flüssigkeit.

»Brühen, Galgantwasser und Apfelsaft«, wie in der dreiundvierzigsten Nacht der Tausendundeinen Nächte nachzulesen, erscheinen auch mir als Erfrischung zuträglicher als Kaffee oder schwarzer Tee. Sehr kaltes Wasser und eisige Getränke sind unbedingt zu meiden. Kühles Wasser, mit etwas Rosenwasser und Limone gemischt, Säfte aus magenstärkenden Granatäpfeln und Quitten oder andere eingedickte oder frische Fruchtsäfte schmecken und entschlakken gleichzeitig hervorragend. Das berühmte »sharab alhumaid« besteht aus Zitronen und Sauerampfer. So sehr es nach dem Schwitzen verlockt, sollte man dennoch nicht sofort die Getränke herunterstürzen, sondern erst das Nachschwitzen weitgehend abwarten. Ähnlich verhalte ich mich nach dem Tanzen: Erst eine halbe Stunde danach trinke ich langsam ein Glas Mineralwasser. Im Anschluß daran bekommen einem noch viele kräftige Schlucke. So hält man auch größere Anstrengungen gut aus.

Wir verdauen heute bei einem ziemlich langen Mittagsschlaf ausreichend und begeben uns noch mal ins Schwitzbad zur Schönheitspflege, wo wir all das wiederholen, wonach uns der Sinn steht. Oder wir färben uns gegenseitig die Haare mit Henna.

Bäder für Schönheit und Liebe

Badezusatz 1 20 Tropfen Ylang-Ylang
in einer Tasse Sahne oder zwei Tassen Milch auflösen

Badezusatz 2 15 Tropfen Geranie
10 Tropfen Neroli
in einer Tasse Sahne oder zwei Tassen Milch verrühren

Badezusatz 3 20 Tropfen Sandelholz
5 Tropfen Rose
5 Tropfen Zeder
in ½ Tasse Honig und ½ Tasse Salz vermischen
    Alle drei Badezusätze gelten jeweils für ein Vollbad.

28. Tag
Den Körper verwöhnen

Die Seifen

In mesopotamischer Zeit wurden die Rinde und die Wurzel des Seifenkrautes *(Saponaria officinalis)*, die beim Schlagen mit Wasser Schaum erzeugen, zur Reinigung sowohl des Körpers als auch von Textilien verwendet. Vereinzelt fand man Rezepte, die aus Mischungen von Fett, Alkalien, Harzen und Salzen bestanden. Als »Alkali« bezeichneten die Araber die lösliche Substanz der Pflanzenasche. Die hauptsächlich aus Natriumkarbonat bestehende Substanz war mineralisches Alkali (Soda) aus See- und Strandpflanzen, die vor allem aus Kaliumkarbonat bestehende war vegetabiles Alkali (Pottasche), vorwiegend aus Landpflanzen. Das getrocknete Sommer- und Winterlaub des Christusdorns *(Zizyphus spina Christi)* beispielsweise wird gemahlen, mit Wasser verquirlt und ergibt einen reinigenden weißen Schaum. Er soll sogar bei Krankheiten helfen.

Unter der Sammelbezeichnung 'uśnān finden Sie auch heute noch ähnlich verwendbares gemahlenes Pflanzenlaub beim Gewürzeverkäufer im Basar. In Marokko und auch andernorts hat sich der umgangssprachliche Begriff »Rassūl« durchgesetzt. Manche Sorten »Rassūl« sollen aus Lavaerde bestehen. Ich kann mich noch gut erinnern, daß »Rassūl« bis in die jüngste Zeit auch für diverse Reinigungsarbeiten im Haushalt benutzt wurde.

Körperreinigung mit »Rassul«   Mit Rosenwasser angerührt die lehmartige dunkle Paste auf die Haut schmieren und abduschen. Keine Angst: Es bleiben keine dunklen Reste zurück.

Die Körperreinigung mit in Wasser angerührtem *Mehl von Getreide, Kleie* und *Hülsenfrüchten wie Kichererbsen und Saubohnen,* ließen sich die Frauen früher nicht nehmen. Der Prophet Mohammed, der die Schönheitspflege den Frauen dringend ans Herz legte, sah es allerdings nicht gern, wenn Lebensmittel zur Schönheitspflege verwendet wurden. Dennoch ist dies für unser heutiges Empfinden weit weniger verwerflich, als Kosmetika auf der Grundlage von Tierversuchen zu benutzen.

Solche Mehle also bieten eine ideale Kombination aus Fett, Eiweiß, hautpflegenden Vitaminen und Mineralstoffen, welche die durch das Schwitzen erwärmte Haut dankbar aufnimmt. Die angerührte Paste bleibt in diesem Fall nicht längere Zeit auf dem Körper, sondern wird eingerieben und anschließend abgespült.

Die Grenzen zwischen Schwitzen, Waschen, Maske-Auftragen, Eincremen, Erfrischen usw. sind bei der arabischen Schönheitspflege viel fließender. Eine Maske, die beruhigt und verjüngt, hat oft gleichzeitig eine beachtliche waschaktive Funktion. Die Pflegeprozesse sind harmonisch und nicht voneinander losgelöst. Daher wird es Sie auch kaum wundern, daß keine großen Unterschiede zwischen Gesicht und restlichem Körper bei der Pflege gemacht werden.

Die Haut

Die Schönheitsideale der Araber sind so schillernd wie das Morgenland selbst. Die von mir befragten Männer schwärmten bereitwillig von ihrer Traumfrau. Ein bestimmter Typ kristallisierte sich bei dieser Befragung nicht heraus, jeder meinte schließlich, »es käme im einzelnen Fall ganz darauf an«, das heißt, die persönliche »Aura« sei ausschlaggebend, und die ist letztlich für den Mann ein unergründliches Geheimnis. Nur in einem einzigen Punkt waren sich alle einig: Die Haut sollte nicht von der Sonne verbrannt, sondern so hell und zart wie Alabaster sein.

Verständlicherweise haben die Europäer die entgegengesetzte Sehnsucht. Doch die Rechnung »braun gleich gut erholt, weiß gleich kränklich« geht nicht auf. Ich habe schon zu viele erschreckend graue Gesichter trotz solariumgebräunter Haut gesehen. Ungesunde »Blässe« hingegen ist weniger ein Mangel an Pigmentierung als an frischer Luft, ausgewogener Ernährung und ausreichender Durchblutung. Es gibt viele Araberinnen, die wesentlich heller sind als die Europäerinnen und eine beneidenswerte elfenbeinfarbene Haut besitzen. Nun haben die meisten Europäerinnen von vorneherein eine geringe Menge an Farbpigmenten in der Haut – ein Grund mehr, die Sonne zu meiden. Da namhafte europäische Dermatologen inbrünstig und häufig genug vor zuviel Sonne warnen, möchte ich über dieses Thema nicht mehr allzuviel sagen. Ein wichtiger Punkt sind allerdings noch die Sonnenschutzmittel.

Sie beinhalten meist hautfremdes Öl aus der Petrochemie. Die in ihnen enthaltenen Emulgatoren lösen häufig Allergien aus. Immerhin ist die Erfindung des Lichtschutzfaktors sehr hilfreich, kann man doch hiermit genau die für sich verträgliche Sonnendosis berechnen. Neuere Forschungen beschäftigen sich außerdem damit, vor Licht schützende chemische Substanzen durch natürliche zu ersetzen. Sandelholz hat auf jeden Fall diese Eigenschaft. Im ganzen Nahen Osten begegneten mir Sandelholz enthaltende Salbenrezepte gegen den schädlichen Einfluß der Sonne, und auch im fernen Bhutan benutzten es die Frauen. Man wird bekanntlich auch im viel angenehmeren Schatten braun. Hauchdünn mit Zinksalbe eingeschmiert ist man selbst im Salzwasser vor allzuviel Sonne sicher.

Finden Sie selbst heraus, wieviel Ihre Haut zur Lebensfreude braucht. Wäre nicht ein zarter Pfirsichton der gelungene Kompromiß zwischen »gegerbtem Leder« und »Alabaster«?

Ein Mittel gegen Sommersprossen und kleine Hautunreinheiten

Den Saft und die geriebene Schale von Pomeranzen oder ungespritzten Zitronen auf die entsprechenden Stellen auftragen, mit den Fingerspitzen leicht massieren und wieder abwaschen.

Paste gegen Pickel

Henna und sauren Yoghurt vermischen und auf die betroffenen Stellen auftragen. Antrocknen lassen und nach einer Weile mit Wasser abwaschen.

Schon Kleopatra schwor auf Aloe, womit viele Hersteller von Cremes ihre Phantasiepreise rechtfertigen. Aloe erhalten Sie für wenig Geld in konzentrierter Form entweder im Verhältnis 1:1 oder 1:10 in Wasser gelöst. Ein Teelöffel in folgendem Cremerezept zeigt innerhalb kürzester Zeit einer erstaunlich verjüngende Wirkung auf die Haut.

Creme mit Aloe vera

2 Eier
50 g Avocadoöl
1 Prise Meersalz
1 Teelöffel Zitronensaft
1 Teelöffel Aloe vera 1:10

Eigelb vom Eiweiß trennen; das zimmerwarme Avocadoöl mit dem Handrührmixer tropfenweise in das Eigelb rühren, bis eine homogene Masse entsteht. Salz, Aloe vera und Zitronensaft portionsweise zugeben und verrühren. Das zu einem festen Schnee geschlagene Eiweiß unter die Masse heben. Im Kühlschrank begrenzt haltbar.

Den ganzen Körper dick damit einschmieren, einen Bademantel anziehen, und falls die Creme bis dahin nicht weitgehend aufgesogen ist, nach einer Stunde den Körper kurz abbrausen und trockentupfen.

Von Aloe vera (1:10) trinke ich wegen seines angenehmen säuerlichen Geschmacks kurmäßig einige Wochen jeden Tag ein Gläschen. Die Haut wird sichtbar frischer.

Aloe vera (1:1) eignet sich auch vorzüglich als Gesichtswasser.

»dalūk« haben Sie schon kennengelernt. Es ist die Sammelbezeichnung für alle auf der Haut längere Zeit verbleibenden Masken. Diese rührt man aus feingemahlenen oder zerstoßenen Hülsenfrüchten bzw. Getreiden oder auch aus Lupinen- oder Wickensamen mit (Rosen-)Wasser, Zitronensaft oder Essig zu einem Teig an.

Masken

»Die Butter des Meeres«, *Ossa sepia officinalis*, sibd al bahar, bekommen Sie in jedem Gewürzebasar, in Apotheken oder in Vogelhandlungen für wenig Geld. Die Knochen des verendeten Tintenfisches werden vom Meer an die Strände des Mittelmeeres gespült. Als trockene, ganz zart nach frischer Butter duftende Stücke sind sie im Handel. Je älter und trockener sie sind, um so besser sind sie geeignet.

»Die Butter des Meeres« als Peeling

Mit der Hand, besser aber mit dem Stößel des Mörsers zerkleinern Sie so viel, daß es etwa die Menge eines halben Teelöffels (nach Bedarf mehr) ergibt, und rühren einen Brei mit Yoghurt an. Diese Masse streichen Sie mit sanft kreisenden Bewegungen auf Gesicht, Hals, Dekolleté oder den ganzen Körper und spülen alles mit Wasser wieder ab. Je mehr »Butterbrösel« der Yoghurt enthält, desto intensiver wirkt das Peeling. Selbst empfindliche Haut wird dadurch nicht gereizt. Vielmehr werden Sie über deren rosige Frische danach überaus erstaunt sein.

Haarpflege

Orientalinnen beneidet man oft wegen ihres schönen Haares. In Wirklichkeit schlagen auch sie sich manchmal mit bekannten Problemen herum: Glanzlosigkeit; gespaltene Spitzen; zu feines, zu borstiges, in jedem Falle widerspenstiges Haar; fettiger Haaransatz, aber insgesamt ausgetrocknetes Haar usw. Doch selten werden die Mißliebigkeiten augenfällig. Konsequente Pflege zeitigt großen Erfolg.

Lassen Sie mich aber erst einmal von den Dingen sprechen, welche die Araberinnen ihren Haaren *nicht* zumuten, nämlich die Einwirkung von Sonne, Föhn, (Industrie-) Shampoo, Festiger, Haarspray und ähnlichem.

Im übrigen sind viele Pflegemittel gleichzeitig für Haare und Haut zuträglich. Trotz mannigfaltiger uralter Kosmetikrezepte herrscht daher längst nicht soviel Verwirrung wie auf einem europäischen Toilettentisch.

Zum Waschen also eignen sich:

Badeton Fette Tonerde, tafl, trābe oder auch bēlun.

Eibisch Hit mî, *Althaeae officinalis*; man benutzt die getrockneten, zu Pulver gestoßenen Blätter.

Ein altes Mittel, das in manchen Gegenden regelmäßig und reichlich angewandt wurde, war das Waschen des Haares mit Milch oder Yoghurt; beides stellten in großen Gefäßen die Bäder bereit. Ein seidiger Glanz ist das Ergebnis dieser Anwendung.

Wertvolle Wässer eignen sich ferner zum Spülen. Solche enthalten z. B.:

Echte Narde *Nardus indica*, ersatzweise: Sud der Galgantwurzel oder der von Patchouliblättern; die Ingredienzen werden einzeln oder gemischt verwendet.

In Indien, so berichtet Ibn Battuta im 14. Jahrhundert, behandelten die Frauen vor der Wäsche mit Badeton die Haare ausgiebig mit Sesamöl. Das vorherige Geschmeidigmachen mit einem Öl ist im Orient sowieso gang und gäbe, sei es in Ceylon mit Kokosfett oder in Oberägypten und im Sudan mit Rizinusöl. Im Sudan übrigens bereitet man seit Jahrhunderten außerdem eine festigende Masse aus »gummi arabicum« und Rizinusöl oder Rinderfett, die jeden Punker mit seinem müden Haarlack vor Neid erblassen lassen würde. Mit jener schafft man es sogar, daß langes, in dünne Zöpfchen geflochtenes Haar monatelang zu Berge steht. Unsere schicken modernen Wet-Gel-Frisuren strapazieren leider das Haar ziemlich, vor allem in den Spitzen, wo der »Naß-Look« besonders hübsch wirkt.

Schmelzen Sie ein wenig »gummi arabicum« in wenig Sesamöl, und gießen Sie auf dieses Gemisch noch etwas Sesamöl oder Kokosfett. Im Handumdrehen haben Sie für die nächste Zeit ein pflegendes Wet-Gel zubereitet. Es empfiehlt sich auch, gelbes Bienenwachs einzuarbeiten. **Pflegendes Wet-Gel**

Die gemahlenen Samen des Flohkrautes, bizr/qatuna, *Plantago psyllium*, oder die gemahlenen Samen vom ägyptischen Melocheia, mulūhiya, einem spinatähnlichen Gemüse, in Wasser quellen lassen und das dünnflüssige Gel in die Haare geben. **Mittel gegen gespaltene Spitzen und brüchiges Haar**

Ebenso läßt sich aus preiswertem, auf jeden Fall auch in Deutschland leicht erhältlichem Traganthgummi, *astragalus gummifer*, katira', mit wenig Wasserzugabe ein schleimiges Gel für diesen Zweck zubereiten. Nebenbei besitzt Traganthgummi in Gesichtscremes feuchtigkeitsbindende Eigenschaften.

Färben und Stärken

Al-Henna oder Henna

Hinnā, ist das auch im Westen hinreichend bekannte Haarfärbemittel der Araber. Mehrere Farbpflanzen werden mit diesem Namen bezeichnet. Die Blätter werden zur rötlichen Haartönung verwendet, die Blüten hingegen zu einem äußerst aparten Parfüm destilliert, und die Wurzel gibt noch roten Farbstoff für fette Öle ab. Henna, das ist viel zu wenig bekannt, ist ebenso ein vorzügliches Hautkosmetikum.

Eine Hennapackung, dessen individuelle Farbwirkung Sie vorher an einer unauffälligen Strähne testen sollten, wird mit pulverisiertem Henna, Rosenwasser, Eigelb und Dattelsirup oder Honig angerührt und bleibt mindestens zwei Stunden im Haar. Der rote Farbstoff und die anderen pflegenden Bestandteile umschließen das einzelne Haar und machen es für längere Zeit wesentlich dicker.

Ausgiebige Haarpflegekur

Wenn Sie nachts allein sind, gönnen Sie sich eine Super-Pflege-Kur für Ihr Haar: Abends kneten Sie sanft Rizinusöl hinein und binden ein dickes Leinentuch um den Kopf, damit die Bettwäsche keinen Schaden nimmt. Bei sehr stark fettendem Haar werden nur die Spitzen einmassiert.

Am anderen Morgen waschen Sie das Öl mit verquirlten Eigelben oder auch den ganzen Eiern anstelle von Shampoo heraus. Nun tragen Sie die Henna-Packung auf, verzichten darin aber auf das Eigelb zugunsten von etwas Zitronensaft. Während Sie anderen Beschäftigungen nachgehen, kann die antrocknende Paste bequem einwirken. Mit viel warmem Wasser spülen Sie diese wieder herunter, anschließend auch mit verquirltem Yoghurt.

Dann frottieren Sie das Haar ab und lassen das nasse Haar möglichst an der frischen Luft trocknen.

Sahnekur

Hochwirksam, wenn auch nicht ganz so angenehm, behandeln Sie das Haar, wenn Sie eine Zeitlang fette Sahne einwirken lassen. Den ranzigen Geruch müssen Sie aushalten und anschließend gründlich, am besten mit Baby-Shampoo, herauswaschen. Dennoch ist gerade diese Kur bei stark durch Dauerwellen angegriffenem Haar oft die letzte Rettung.

Bei allen diesen Behandlungen pendelt sich die Produktion der Talgdrüsen allmählich auf ein normales Maß ein. Ich kenne Frauen, denen trotz sehr feinen Haares dadurch außerdem eine beachtliche und attraktive Länge ermöglicht wurde.

29. Tag
Zurück auf den Diwan

> »Wer sich selbst und andre kennt,
> Wird auch hier erkennen:
> Orient und Okzident
> Sind nicht mehr zu trennen.«
> *(Goethe, Westöstlicher Divan, Aus dem Nachlaß)*

Die alten Frauen

Natürlich traf ich im Bade auch alte Frauen. Allein, sie als solche zu bezeichnen, fiel mir schwer. Manche fragte ich vorsichtig nach ihrem Alter. Mein Benehmen empfanden sie gar nicht als aufdringlich, viele wußten es sowieso nicht genau. Nein, Orientalinnen messen ihr Alter nicht an den Jahren: Noch heute ist Nagua Fuad, über sechzig Jahre alt, die unbestrittene Bauchtanz-Königin Ägyptens. Sie wird von Jahr zu Jahr immer besser, irgendwelche Spuren des Alters sind nicht auszumachen. Meine Cousine, die mit dreiundvierzig Jahren ihre Tanzkarriere aufgab, um zu heiraten und eine große Familie zu gründen, hat jetzt drei Kinder. Wie ihre Altersgenossinnen bemüht sie sich aber nicht krampfhaft darum, betont jung zu wirken. Das Schönheitsideal im Orient ist eher die »reife« Frau, die zwischen fünfundzwanzig und fünfzig Jahre alt sein kann. Betrachten wir unsere durchschnittliche Lebenserwartung als Frau, so ist es offensichtlich, daß mit fünfunddreißig, wenn wir gerade auf die Lebensmitte zugehen, unsere Schönheit noch nicht passé ist. Das Altern an sich können wir natürlich nicht aufhalten. Aber ab wann wird es für unsere Schönheit »dramatisch« sichtbar?

Faszinierend schnell verändern wir uns in den ersten zehn Lebensjahren. Zwischen zehn und zwanzig können wir uns völlig überraschend entpuppen. Zwischen zwanzig und dreißig ändert sich schon weniger, und eine gutgepflegte Vierzigjährige geht leicht als Dreißigjährige durch. Man vermutet gar nicht, wie viele Stars, die wir wegen ihres phantastischen Aussehens rühmen, »obwohl sie schon vierzig sind«, in Wirklichkeit bereits die Fünfzig hinter sich gelassen haben. Offensichtlich verändern wir unser Aussehen, je älter wir werden, immer langsamer, es sei denn, wir leiden unter einer schweren Krankheit.

So können wir bei Pflege unserer geistigen und körperlichen Veranlagungen unseren etwa mit zwanzig Jahren ausgereiften Typ ein Leben lang kultivieren. Die Schönheit ist wie eine Rose: Sie ist immer dasselbe Exemplar, ob sie in der Knospe oder in der vollen Blüte steht. Selbst wenn schon ein paar Blätter abfallen, besitzt sie einen ganz besonderen Reiz.

Die Empfehlungen der attraktiven »alten« Frauen, die ich im Hammam erhielt, waren einfach: keine Hungerkuren, viel Bewegung, wenig Sonne. Ein paar weitere altbewährte praktische Ratschläge zu allen möglichen »Frauenthemen« habe ich für Sie im folgenden festgehalten.

Tees für Schönheit und Gesundheit (morgens noch im Bett zu trinken) sind:

Koriandertee

Einen Teelöffel leicht zerstoßenen Koriander mit einer Tasse heißen Wassers aufgießen, zehn Minuten ziehen lassen, abseien und mit etwas Honig süßen.

Ingwertee

Einen Teelöffel kleingeschnittenen frischen Ingwer mit einer Tasse Wasser aufgießen, nach fünfzehn Minuten abseien und mit etwas Honig süßen.

Ein Stück frischen Ingwers kann man auch gut schwarzem Tee beigeben.

Wechseln Sie mit den Teesorten ab. Gießen Sie Ihr Getränk bereits abends in eine Thermosflasche.

Tee gegen Menstruationsbeschwerden	Einen Teelöffel Myrrhe und einen Teelöffel Wacholderbeeren in ¼ l Wasser etwa fünf Minuten kochen und abseien. Den Tee kurmäßig drei Wochen vor der nächsten Menstruation trinken.
Hilfe gegen Reizungen im Vaginalbereich	10 Tropfen Kampfer 10 Tropfen Rose Beide Zutaten in 2 Bechern Sahnejoghurt verrühren, in ein heißes Sitzbad geben; Wasser in der Badewanne bis auf Taillenhöhe füllen und mit trockenem Oberkörper schwitzen. Eine weitere gute Hilfe sind Spülungen mit Buttermilch.

Aber auch ohne konkrete Beschwerden sollten Sie das Gewebe im »Intim-Bereich« eincremen, so selbstverständlich wie andere sichtbare Körperstellen – am besten mit Avocado- oder Sesamöl. Hebammen spülen während der enormen Ausdehnung in der Endphase der Geburt den stark beanspruchten sogenannten »Damm« mit starkem Kaffee, damit das Gewebe nachgiebig und ein Schnitt unnötig wird. Tatsächlich wird feine Haut dadurch seidenweich. Sollte doch etwas Wahres an der Weisheit »Kalter Kaffee macht schön« sein? Bei all dem Für und Wider über den Dammschnitt sollten Geburtshelfer diese alten Methoden nicht ganz vergessen. Zufall oder nicht – mir hat der Kaffee bei meinen beiden »dickköpfigen« Kindern gut geholfen.

»Intimpflege« ist im Orient übrigens auch für Männer kein Tabu.

Milchbildungsgetränke für stillende Mütter	In dieser Zeit sollte man viel Fenchel, aber keinen Salbei oder Kampfer einnehmen. Etwas mehr Aufwand, aber ebenfalls sehr hilfreich ist es, zerstoßene Helba-Samen über Nacht einzuweichen und mit warmer Milch und Honig aufzugießen. Man sollte auch öfter einmal einen Becher Sahne trinken.

Auf gar keinen Fall darf man während der Stillzeit fasten, man kann lediglich auf »leere« Kohlenhydrate verzichten und dafür ruhig häufiger als sonst Datteln verzehren. Das. Stillen selbst sorgt ideal dafür, daß sich die Geburtsorgane optimal zurückbilden. Sollten Sie im Vergleich zum Zustand vor der Schwangerschaft deutliches Übergewicht haben, so ist es jetzt ein schlechter Zeitpunkt, dieses Übergewicht abzuhungern. Nicht nur das Kind leidet, sondern auch Ihre Gesundheit. Im Orient betrachtet übrigens niemand das Stillen in der Öffentlichkeit als etwas Besonderes.

Eine der Badegenossinnen, selbst schon Urgroßmutter zweier Enkel, sagte mir, daß man im Bade am besten sehen könne, welche Frauen Probleme mit dem Stillen hätten. Diese Mütter könnten nämlich nicht richtig schwitzen. Ich habe den Tip einer überaktiven Freundin weitergegeben, die genau dieses Problem hatte. Sie »lernte« zu schwitzen, zu entspannen und ihren Körper nicht stets zu kontrollieren, sondern ihn auch einmal fallen bzw. »fließen« lassen zu dürfen. Ihr zweites Kind konnte sie dann ohne Probleme lange Zeit stillen.

Und da sind wir schon wieder beim Thema »Schwangerschaft«. Die Frauen aus meinen Kursen werden ganz lebhaft, wenn sie von ihren Kindern sprechen. Keine Schauermärchen über dramatisch überstandene Geburten sind da zu hören. Vielmehr heben sie stets den wohltuenden Nutzen des Bauchtanzes für sie selbst wie für das Kind hervor, und zwar während der Schwangerschaft wie bei der Geburt. Das mütterliche Becken ist die erste Wiege für das Kind, in dem sie es schaukeln und besänftigen kann. Kinder von bauchtanzenden Müttern nehmen kurz vor der Geburt stets die richtige Lage – mit dem Kopf nach unten – ein. Wen wundert es, daß die Geburt im Orient häufig ein Fest wird, bei dem mitunter die anwesenden Frauen die Gebärende durch Tanz erfreuen und ihr gleichzeitig spielerisch die für sie gerade zuträglichen Bewegungen zeigen? Das ist nicht nur ein Relikt aus mythologischen Zeiten, wo die »Fruchtbarkeitswelt« noch in Ordnung war, die wir in der Gegenwart ungläubig bestaunen. Auch meine deutsche Hebamme verstand es, aus der Geburt, trotz nüchterner medizinischer Überwachung, ein Fest zu machen. Das Wissen der Frauen über ihren Körper ist zum Glück auch in Europa mit den sogenannten »Hexen« nicht völlig verbrannt.

Ein vernünftiger Arzt wird Ihnen empfehlen, wenn die Wehen stocken oder Sie ängstlich verkrampft sind, viel umherzugehen. Tun Sie das, indem Sie den natürlichen Schritt mit betonter Hüft-Fall-Bewegung (Seite 73) ausüben. Auch die Beckenkippe läßt sich gut in Schritte einbauen. Das Vermögen »loszulassen«, womit Sie sich schon beschäftigt haben, nimmt Ihnen die Furcht vor dem Schmerz. Im Bewußtsein, daß dieser in jedem Fall aushaltbar ist, ja, daß man sogar gestärkt daraus hervorgeht, versuchen Sie nicht mehr, ihn zu vermeiden. Und noch eines: Drängen Sie darauf, während der Geburt die für Sie angenehme Stellung einnehmen zu dürfen.

Das Hammam-Fest zu Hause

Feste zu feiern, wie sie fallen, spricht von hoher Lebenskunst. Es gehört sich, nach der Geburt, nämlich vierzig Tage danach, auch die Mutter zu feiern – natürlich wieder im Hammam.

Warum feiern wir also so selten stilvolle private Badefeste in Europa?

Ist unser Baderaum auch nicht mit Mosaiken gepflastert, umsäumen nicht Fayencen und persische Kacheln die Wände oder fällt auch unser Blick nicht von den blumenumwucherten Ruheterrassen auf den Nil, wie ich es im Privatbad einer adeligen Kairoer Familie erleben durfte, so steht dieser Idee auch in einer Hochhauswohnung nichts entgegen.

Entscheidend ist, daß Sie dieses kleine Fest, das vierzehntägig bis monatlich wiederholt werden sollte, mit gleichgesinnten Freundinnen feiern. Eventuell können Sie auch eine schöne Sauna mieten. Man kann das heiße Schwitzbad zur Not auch durch ein Bad in der Wanne ersetzen. Sorgen Sie in jedem Fall aber für ausreichend Platz zum Ruhen, Massieren und Teetrinken und für kuschelige Decken.

Ganz spontan äußern wir in meinem Freundeskreis unsere Wünsche nach Pflege. Die eine besteht darauf, daß wir zu Beginn erst eine Dreiviertelstunde Bauchtanztraining machen und Tanzfiguren üben. Diejenige, die jeweils die Wohnung zur Verfügung stellt, sorgt auch für die Bewirtung. Es hat sich außerdem bewährt, wenn immer zwei an diesem Tag den aktiven Teil der Massage übernehmen. So wird jede in einer anderen Weise verwöhnt. Zwei aber sind an diesem Tag völlig frei von Pflichten. Jedoch überraschen uns gerade diese Freundinnen manchmal mit einem schönen Buch, aus dem sie uns vorlesen, mit einer meditativen Schallplatte oder führen uns einen Tanz im selbstgenähten Kostüm vor. Wer aber seine Ruhe haben will, darf sich auch eine Weile völlig zurückziehen. Die an diesem Tage fortgeschickten »Paschas« erhalten am Schluß ihre wunderschönen Frauen zurück.

Auch im Alltag soll Schönheit nun immer ein Fest sein. Sie werden sie nie verlieren, wenn Sie Ihren Körper zu mögen begonnen haben, wenn Sie dessen Makel im Detail nicht dramatisieren, sondern ihn als kostbaren Schatz pflegen, der mit der Zeit immer wertvoller wird.

Literatur

Avicenna (Ibn Sina): Das Lehrgedicht über die Heilkunde. Berlin 1939.

Avicenna (Ibn Sina): The canon of Medicine. London 1930.

Buonaventura, Wendy: Bauchtanz. Die Schlange und die Sphinx. München 1984.

Briemle, Vincentius: Die durch die drey Theile der Welt, Europa, Asia und Africa, besonders in denselben nach Loreto, Rom, Monte-Cassino, nicht minder Jerusalem, Betlehem, Nazareth, Berg Sinai etc. angestellte Andächtige Pilgerfahrt. Anderer Theil: Die Reise von München nach Salzburg, Cärnten... durch die Türckey in das H. Land etc. Nürnberg 1729.

Dragendorff, Georg: Die Heilpflanzen der verschiedenen Völker und Zeiten. o. O. 1898.

Faber, Stephanie: Aloe vera. München 1988.

Fürstauer, Johanna: Eros im alten Orient. Wiesbaden o. J.

Fischer-Rizzi, Susanne: Dufterlebnisse. Isny 1987.

Al-Ghasāli: Das Elixier der Glückseligkeit. Aus den persischen und arabischen Quellen in Auswahl übertragen von Hellmut Ritter. Köln 1959. 3. Aufl. 1984.

Goethe, Johann Wolfgang: Westöstlicher Divan. Aus: Trunz, Erich (Hrsg.): Werke, Kommentare und Register. Hamburger Ausgabe in 14 Bänden. Bd. 2. 9. Aufl. München 1972.

Grotzfeld, Heinz: Das Bad im Arabisch-Islamischen Mittelalter. Wiesbaden 1970.

Hickmann, Hans: Musikgeschichte in Bildern. Leipzig 1961.

Shaykh Hakim Abu Abdullah Ghulam Moinuddin: Die Heilkunst der Sufis. Grundsätze und Praktiken. Freiburg im Breisgau 1984.

Jellinek, Paul: Die psychologischen Grundlagen der Parfümerie. 3. Auflage, Heidelberg 1973.
Al-Kindi, Ya'Qūb: Das Buch über die Chemie des Parfüms und die Destillationen. Leipzig 1948.
Lidell, Lucinda; Thomas, Sara; Cooke Beresford, Carola; Porter, Anthony: Massage. Anleitung zu östlichen und westlichen Techniken. München 1984.
de Mille, Agnes: The Book of the Dance. New York 1963.
Montagu, Lady Mary Wortley: Briefe aus dem Orient. 3. Aufl., Stuttgart 1962.
Morris, Edwin T.: The Story of Perfume from Cleopatra to Chanel. New York 1984.
Al-Munāwī, 'ABDARR' UFB. TĀĞ AL-ARIFĪN: Kitāb an-nuzah al bahīya az-zahīya fī ahkām al hammām aš – šar 'īya at-tibbīya. Handschrift Ms. Or. Wetzstein 1505, fol. 62–101 (Ahlwardt 6409) der Stiftung Preußischer Kulturbesitz, Depot der Staatsbibliothek.
de Nerval, Gérard: Reise in den Orient. Werke I. Hrsg.: Norbert Miller u. Friedhelm Kemp. München 1986.
Neugebauer, Julius; Orendi, Julius: Handbuch der Orientalischen Teppichkunde. Hiersemanns Handbücher Band IV. Leipzig 1909.
Riederer, Josef: Archäologie und Chemie – Einblicke in die Vergangenheit. Ausstellung des Rathgen-Forschungslabors SMPK, September 1987 – Januar 1988. Staatliche Museen, Preußischer Kulturbesitz. Berlin 1988.
Reckeweg, Hans-Heinrich: Schweinefleisch und Gesundheit. Baden-Baden 1977.
Schweiger-Lerchenfeld: Die Frauen des Orients. Leipzig 1907.
Stadt Frankfurt am Main, Dezernat f. Umwelt, Stadtgrün u. öffentliche Einrichtungen (Hrsg.). Bearbeitg.: Dipl.-Biol. Renz-Rathfelder, Sofia: Der Palmengarten. Vom Duft der Pflanzen. Frankfurt a. M. 1986.
Tisserand, Robert B.: Aromatherapie. Heilung durch Duftstoffe. 3. Auflage, Freiburg im Breisgau 1987.
Vatsyayana: Kamasutra. Nach der berühmten Ausgabe von Sir Richard Burton und F. F. Arbuthnot. 10. Auflage, München 1977.
Die Erzählungen aus den Tausendundein Nächten. Vollständige deutsche Ausgabe in zwölf Teilbänden. Nach dem arabischen Urtext der Calcuttaer Ausgabe aus dem Jahre 1839, übertragen von Enno Littmann. München 1987.

Register

Achsenkorrektur-Übung 90 f.
Ätherische Öle 152 ff.
Anregende Gewürze 145
Aphrodisisches 143
Arabische Ernährungslehre 140 ff.
Arm- und Handgymnastik 59 ff.
Atemtherapie 42
Atemübung 104 f.
Atmung 41 f., 47
Augen 95 ff.
Augentraining 95 ff.

Badehaus 199 ff.
Badetag 199 ff.
Balsame 156
Barfußlaufen 72, 75
Bauch 39 f.
Bauchgewebe 26
Bauchgymnastik 41
Bauchkreis 40
Bauchmuskulatur 24
Bauchspeck 41
Bauchtänzerin 18
– Ausbildung zur 111, 123
Bauchtanz 110 ff.
Bauchtanzgymnastik 17, 19
– Training 35
Bauchtraining 42
Beckenbodendehnung 55
Beckenbodenkreis 55
Beckenbodenmuskeln 53 f.
Beckenbodenregion 53
Beckenbodentraining 56
Beckengymnastik 23 ff.
Beckenkippe 50
Beckenschaukel 53
Beckenwelle 41
Beckenwippe 25 ff.
Beinbogen 82
Beine 78 ff.
– Pflege der 83
Besenreißer 83
Bewegung, mangelnde 45
Bindegewebe, schwaches 83
Bockshornklee 170
Bodengrundstellung 43
Botschaft, tänzerische 115
Brustkorb 45 ff.
Brustkorbübungen 47 ff.
Brustmuskel 46
Brust-Shimmy 109
Brustwand 49
Busengewebe 46

Register

Cellulite 84

Destillationskunst 154
Düfte, echte und synthetische 179 ff.
Duftstoffe, besondere 164 ff.

El-Hamman – das Bad 193 ff.
Ernährung im Orient 140 ff.
Ernährungslehre, arabische 140 ff.
Erschöpfungszustände 45

Faltenbildung 33
Farben 137 f.
Frauenprobleme 32
Füße 70 f.
Fußgelenke 74, 78, 80
Fußkantenrollen 76
Fußreflexzonenmassage 75

Gesichtsmassage 122
Gesichtssprache 90
Gewürze, anregende 145
Grundprogramm, tägliches 30
Grundshimmy, klassischer 108
Gymnastik 16
Gymnastikübungen 17

Haarentfernung 129 ff.
Haarpflege 210 ff.
Harze 156 ff.
Haut 206 ff.
Hohlkreuz 51
Hüfteschieben 28
Hüftgelenke 26, 78
Hüftschwung-Figur 72
Hüftwippe 27

Intimbereich 53
»Isolation« von Körperteilen 57

Jasmin 168

Körperbewußtsein 32
Körperhygiene 127
Kohlenhydrate 34
Kopfbeuge 91
Kopfsprache 90
Kopfübungen 93 f.
Kreislaufaktivierendes Öl 175

Lendenwirbelsäulenbereich 51
Liebesmenue 146 f.
Liebessäfte 144 f.
Liebeszauber 176 f.

Massage 118 ff.
– Partnerschaftstraining 121
Massageöl 174
Massagetechniken 122 ff.
Menstruation 13
Menstruationsbeschwerden 56
Monatszyklus 13
Morgengymnastik 30
Moschus 166
Musik 116
Muskelarbeit 41

Nackenmassage 124 ff.
Nahrungsmittel, anregende 145

Öle, ätherische 152 ff.
Ölqualität 153
Orientalischer Tanz 19

Parfüme zum Selbermachen 183 ff.
Parfümierte Wäsche 135
Partnerschaftstraining, Massage 121
Periode 13
Pflegeöle 152 f.

»Radfahren« 82
Räucherwerk 162
Reflexzonenmassage 122
Rose 167
Rückenschlange rückwärts 44
– vorwärts 42
– erweiterte 55
Rückwärtsgehen 75 f.

Safran 169
Salben 171 ff.
Sandelholz 167
Sauerstoff 42
Schlankheit 38
Schleier 20 ff.
Schließmuskeltraining 54 f.
Schönheitsmittel 151
Schönheitsprinzip, ausgewogenes 118
Schönheitssymbol Bauch 37
Schönheitstips 68
Seifen 205
Seitenstiche 41
Sexsymbol Bauch 37

Shiatsu 122
Shimmy 106 ff.
Sinnlichkeit 15
Speckfalte 41
Sprechanalyse 101
Sprechtherapie 101
Stimmbildung 103
Stimme 100
Stimmprüfung 102
Stoffe 133, 138
»Sultansbrücke« 49, 51

Tänzerische Botschaft 115
Tanz 15
Toilette 128 f.

Übungen zur Beckengymnastik 23 f.
Unterschenkelbogen 80

Weihrauchmischung 163

Zahnpflege 127
Zimt 169

Bildnachweis der farbigen Abbildungen

Bildteil zwischen Seite 48 und 49:
Tafel 1 und 4: Guido Pretzl; Tafel 2 und 3: Michael Wilfing

Bildteil zwischen Seite 96 und 97:
Tafel 1: Michael Wilfing; Tafel 2 und 3: Chuck Sauermann; Tafel 4: Gerd Heinlein

Bildteil zwischen Seite 128 und 129:
Tafel 1, 2 und 3: Michael Wilfing; Tafel 4: Gerhard Nickel

Bildteil zwischen Seite 176 und 177:
Tafel 2 und 3: Michael Wilfing; Tafel 4: Slomifoto